. . . rund ums Wohnen

Karl Baur / Roland Thomas
Mit Büchern wohnen

Vom kleinen Wandbord bis zur variablen Wohnwand
Mit über 200 Ideen zum Einrichten und Selbermachen

Callwey

CIP-Kurztitelaufnahme der Deutschen Bibliothek
Mit Büchern wohnen: vom kleinen Wandbord bis zur
variablen Wohnwand; mit über 200 Ideen zum Einrichten u. Selbermachen / Karl Baur. Roland Thomas.
– Neubearb. – München: Callwey, 1985.
(. . . rund ums Wohnen)
ISBN 3-7667-0779-5

© 1985 by Verlag Georg D. W. Callwey, München
Alle Rechte vorbehalten, auch die des auszugsweisen
Abdruckes, der photomechanischen Wiedergabe und der
Übersetzung
Umschlagentwurf   Baur+Belli Design, München, unter
Verwendung der Abbildung 105
Lithos   Brend'amour, München
Gesamtherstellung   Auer, Donauwörth
Printed in Germany

INHALT

VORWORT	7	
MENSCHEN UND BÜCHER	8	*von Karl Baur*
VON BÜCHERSAMMLERN UND BÜCHERSCHRÄNKEN DER VERGANGENHEIT	12	*von Karl Baur*
1958–1985	21	
DAS BUCH – EIN GEBRAUCHSGEGENSTAND	22	*von Karl Baur*
VOM EINORDNEN DER BÜCHER UND VON IHREN GRÖSSEN	24	*von Karl Baur*
DAS EINRICHTEN MIT BÜCHERN	26	Wohin – Was alles untergebracht werden soll – Was kann alles selbst gemacht werden, oder soll ein fertiges Möbelsystem gewählt werden – Das freistehende Regal – Das an der Wand befestigte Regal – Das zwischen Boden und Decke gespannte Regal – Das aufgebaute Regal
IDEEN ZUM EINRICHTEN UND SELBERMACHEN	33	
DER LESEPLATZ	34	
BÜCHER IM WOHNRAUM	38	Das Einzelmöbel – Der Bücherschrank 38 Kleine Wandborde 50 Das hohe Einzelregal 54 Niedrige und halbhohe Regale 60 Hohe Regalreihen mit offenen und geschlossenen Teilen 68 Wandfüllende Einbauten 90 Bücher umbauen das Sofa, das Fenster, die Tür 116 Bücher am Kamin und Ofen oder bei der Heizung 132 Raumteiler 142
BÜCHER AM ARBEITSPLATZ	150	
DIE BIBLIOTHEK – BIBLIOTHEKSLEITERN	166	
BÜCHER IN FLUR UND TREPPENHAUS	176	
BÜCHER IM KINDER- UND JUGENDZIMMER	182	
BÜCHER AM BETT	188	
BÜCHER BIS UNTERS DACH	194	
ANHANG	201	Literaturhinweise 201 Herstelleradressen 201 Bild- und Herstellernachweis mit Übersicht der Möbelsysteme 202

. . . denn es gibt keine Seligkeit ohne Bücher

Arno Schmidt

VORWORT

Mit Büchern zu leben ist eine alte Gewohnheit, über die immer wieder neu nachzudenken sich lohnt, denn im Laufe der Jahrzehnte ändern sich die Bücher, es wechseln Wohnformen, es verschieben sich die Erwartungen, die der Leser ans Lesen stellt.

So ist es verständlich, daß auch dem Buch von Karl Baur-Callwey »Mit Büchern wohnen« aus dem Jahre 1958 Aktualität – vor allem im Bildteil – verlorengegangen ist. Diese galt es in der vorliegenden Neubearbeitung seines Werkes wiederherzustellen. In weiten Teilen konnte auf seine vorzügliche kulturgeschichtliche Schau auf das Leben mit Büchern zurückgegriffen werden – eben bis zum Jahre 1958. Einige Bildbeispiele aus dem alten Buch rufen den typischen »dynamisierten« Stil der späten fünfziger Jahre in die Erinnerung zurück; er ist bereits Kulturgeschichte geworden, der auf so manche Entwürfe der achtziger Jahre schon wieder seinen Einfluß ausgeübt hat.

Fachleute auf vielen Gebieten haben an dieser Publikation mitgearbeitet. Ihnen allen sei gedankt. Besonders erwähnen möchte ich die Innenarchitektinnen Johanna Feltes von Casa-Möbel, München, Dorothea Faust-Olsowsky, Düsseldorf, und Ulla Rogalski vom Baden-Württembergischen Möbelverband, Heidelberg, die Innenarchitekten Friedhelm Huber, Düsseldorf, Adrian Esten und Udo Wildenhaus, beide Köln. Elisabeth von Walderdorff von der Redaktion »Ambiente«, München, und Renate Littmann von »Schöner Wohnen«, Hamburg, haben mit wertvollen Anregungen und Bildmaterial geholfen. Der Fotograf Reinhold L. Hilgering, München, lieferte viele der schönsten Aufnahmen in dieser Sammlung, und Helmut Eiler, München, fertigte die informativen Zeichnungen. Nicht vergessen zu danken möchte ich dem Verleger Bernard Letu und seinem Fotografen Yves Meylan, Genf. Von ihnen stammen die hervorragenden Porträts der mit Büchern wohnenden Genfer Bürger. Möbeldesigner und -hersteller haben die Arbeit bei der Bildbeschaffung erfreulich großzügig unterstützt, und viele Privatleute öffneten bereitwillig ihre Wohnungen, um das Fotografieren dort zu ermöglichen. Nur so war zu erreichen, daß dieses Buch von der Vielfalt heutiger Arten, eine Bücher(an)sammlung unterzubringen, überschauend berichten kann und Anregungen vermittelt, wie sich aus dem unübersehbaren Produktionsangebot für die eigenen Räume das Passende finden läßt.

Herrsching am Ammersee, im Sommer 1985
Roland Thomas

MENSCHEN UND BÜCHER

Dieser Text ist von einem geschrieben, der sich allen Büchersammlern und Büchernarren seelenverwandt fühlt. Ob einer jener Gilde der Bücherfreunde nahesteht, bemißt sich nicht nach der Zahl der Bände, die er besitzt, sondern nur nach dem Verhältnis, das er zu Büchern im Laufe eines Lebens gewonnen hat. Um mit Büchern zu leben, braucht man nicht die Wände voll zu haben.

Über die mannigfachen Arten von Freundschaften, die man mit Büchern im Laufe des Lebens schließt, wäre viel zu sagen. Die Erinnerung an ein geliebtes Kinderbuch steigt auf, und glücklich der, der solch einen bescheidenen Schatz dann noch zwischen den Büchern der Reife und des Alters bewahren konnte. Da sind Bücher, mit denen man zu wachsen meinte und die nun etwas von ihrem einstigen Klang verloren haben, und andere, die man immer wieder mit liebender Hand umfängt, weil man spürt, daß sie uns im tiefsten Sinne gehören. Da sind die nüchternen Gefährten beruflicher Arbeit und da sind die

Fig. 1

Kostbarkeiten mit den kunstvoll-skurrilen Titeln vergangener Jahrhunderte und die manchmal etwas schäbigen und doch so viel erzählenden Bände alter Ausgaben. Alle diese Freunde wollen, wie dies alle Freundschaft nötig hat, gepflegt werden, wollen, um uns gegenwärtig zu bleiben, wenigstens unseren Augen begegnen können. Und so bauen wir ihnen Schränke und Regale.
In einer auch uns in vielem sympathisch ansprechenden amerikanischen Veröffentlichung (Books in your home, New York 1957) wird ein-

Fig. 1 Der Schweizer Professor und Politiker Olivier Reverdin in seiner klassischen Bibliothek mit einer eigens für den Raum angefertigten Regalwand, die die Tür mit einbezieht.

Fig. 2 Jean Piaget (1896–1980), der international bekannte Psychologe, inmitten seiner Genfer Arbeitswelt, die auf das Nötigste reduziert ist: Toaster, Honig, Kaffee und Bücher – fremde und eigene Veröffentlichungen in Fülle. ▽

leitend gesagt, es sei noch gar nicht so lange her, daß Bücher wenig zu tun hatten mit der Dekoration eines Heimes. Dekoration aber sei wichtig geworden, und die lebendigen Farben moderner Einbände seien um ihrer dekorativen Wirkung willen sehr brauchbar. Das ist natürlich richtig. Keine Tapete kann farbiger und lebendiger sein als eine Bücherwand. Trotzdem spricht dieses Buch nicht Menschen an, die ihre Räume mit Büchern zu *dekorieren* gedenken, sondern solche, die mit Büchern *wohnen* und *leben*. Freilich gibt es auch Menschen, die ohne Bücher wohnen und leben. Man sollte nicht so hart urteilen wie Friedrich Wilhelm Herschel, der meinte, wer keine Bücher lese, sei ein armseliger Ignorant. Nun, er entdeckte 1781 den Uranus, und nicht eines jeden Ehrgeiz ist auf so ferne Ziele gerichtet. Wer sich freimütig dazu bekennt, daß er Bücher nicht seines täglichen Umgangs wert erachte, daß die Leihbibliothek seine Bedürfnisse befriedige oder daß er in seinem kleinen Gärtchen lieber im Buch der Natur lese, ist immer

Fig. 3

noch sympathischer als jener Mann, der einen mächtigen, mit Schnitzereien verzierten Bücherschrank um viel Geld erwarb und die geistige Füllung in Buchattrappen nach laufenden Metern von der Einrichtungsfirma mitliefern ließ.
Die Schränke der Biedermeierzeit waren mit Seidenvorhängen gegen Sicht verschlossen, da der Besitzer nicht mit seinen Büchern und seiner Bildung prahlen wollte. Wer heute Bücher, wenn auch nicht eben als Attrappen, so doch als gefällig und bedeutend wirkende Dekoration benützt, ist über die Bedenken der alten Zeit hinausgewachsen.

Fig. 3 Die Schriftstellerin und Journalistin Ella Maillart an ihrem ebenso gemütlichen wie zweckmäßigen Arbeitsplatz. Vom Boden bis zur Decke hat sie sich mit einer einfachen Schreinerarbeit die nötige Stellfläche für ihre Fachliteratur geschaffen.

Fig. 4 Der Bildhauer Robert Hainard mit seiner Frau Germaine Hainard-Roten. In der Werkstatt haben sie die Bücher in einem verglasten Schrank vor Staub geschützt untergebracht. ▽

VON BÜCHERSAMMLERN UND BÜCHERSCHRÄNKEN DER VERGANGENHEIT

Wollte man die gestellte Aufgabe so richtig ernst nehmen, so wäre eingangs die Frage zu beantworten, wie denn die Menschen der Vergangenheit mit dem Schriftgut ihrer Zeit lebten. Doch so reizvoll es auch wäre, zu wissen, wie die Assyrer ihre Tonplatten oder die Römer ihre Schriftrollen um sich aufbauten, so hat solch historisches Wissen oder Nichtwissen mit der Absicht dieses Buches wenig zu tun. Wenn Petrarca (gest. 1374) etliche Zeit ehe Gutenberg die Büchermacherei in Bewegung brachte, sagte, er könne sich an Büchern nicht ersättigen und habe ihrer wohl mehr als genug, so konnten zu seiner Zeit nur wenige ein so stolzes Bekenntnis ablegen. Nun war sein Bücherschatz mit wohl fünfzehnhundert Bänden zu jener Zeit ein wahrhaft fürstlicher Besitz. Auch von einigen anderen berühmten Sammlern des Mittelalters wissen wir die Zahl der Bände ihrer Bibliotheken. So beziffert der Bamberger Magister Hugo von Trimborn (gest. 1313) seine Bücher auf zweihundert. Der Verfasser der Schedelschen Chronik (gest. 1485) hinterließ einen Katalog mit 632 Werken.

Der streitbare Humanist und Reformator Ulrich Zwingli nannte 750 Bände sein eigen, und der Augsburger Konrad Peutinger (gest. 1547) führte in seinem Katalog gar 2100 Bände auf.

Zu den berühmten Büchersammlern, die ihre Schätze in echter Leidenschaft zu mehren wußten, zählt auch jener württembergische Fürst, der uns allen als »Eberhard der mit dem Barte« (gest. 1496) vertraut ist. In einem Briefe schreibt er an die junge, gleichgesinnte Pfalzgräfin Mechthildis, daß seine Bücher zusammengerafft seien mit Stehlen, Rauben und Leihen, aber auch durch Geschenke, durch Abschreiben und Kauf. Solche, vielleicht etwas mildere Vermehrungsprinzipien sollen sich unter Büchersammlern noch lange erhalten haben. Wahrscheinlich hatte jener Eberhard auch schon manches der neuen gedruckten Bücher in der Hand, die wir als Wiegendrucke bezeichnen. Das Geburtsjahr des Herzogs fiel mit dem des ersten Bibeldrucks etwa zusammen. Dabei gehen wir wohl nicht fehl, wenn wir annehmen, daß manche der Handschriftensammler des ausgehenden Mittel-

Fig. 5 Das Lesepult hält die schweren Folianten, die außerdem in einer Mauernische und einem truhenähnlichen Möbel aufbewahrt werden. Holzschnitt aus Fr. Albertini »Mirabilia Rome«, 1520.

alters über die neuartige Vervielfältigungstechnik so verächtlich dachten wie ein Kutscher hinter dem Vierzug über die ersten Automobile.

Der Büchersammler stand damals sicher vor schweren Entscheidungen. Wie er zum gedruckten Buche aber auch stehen mochte – das Gesicht der privaten Büchereien wandelte sich. Um 1700 konnte ein Privatmann wie der Frankfurter Herr von Uffenbach schon eine Bibliothek mit zwölftausend Bänden sein eigen nennen.

Die Geschichte der Bibliophilie – das ist die Historie von der Freundschaft mit Büchern – nennt uns noch viele berühmte Namen, die zugleich der Geschichte menschlichen Geistes zugehören. Daß der Umgang mit Büchern allein noch nicht den Bibliophilen macht, das beweist uns Erasmus von Rotterdam. Er war nicht nur als Theologe Rationalist, sondern hatte auch für die Torheit des Büchersammelns kein Lob. Bücher waren ihm zweckbedingtes Arbeitsgerät, und mancher unserer Zeitgenossen, für den ein Zusammenwohnen mit Büchern nicht lebensnotwendig erscheint, hat guten Grund, sich auf den gelehrten Humanisten Erasmus zu berufen.

Über die Art des Unterbringens von Büchern im Mittelalter unterrichten uns zeitgenössische Holzschnitte. Wenn wir die berühmten Klosterbibliotheken und späteren fürstlichen Sammlungen als nicht in den Rahmen dieser Betrachtungen fallend ausscheiden, so ist es in erster Linie das Gehäuse des Gelehrten, das uns etwas über jene frühen Privatbüchereien und ihr Aussehen erzählt. Einzelne Bücher mögen in der Nähe des Lesepultes auf einem Wandbord oder in einer Nische Platz gefunden haben, um das Studium der meist schweren Folianten zu erleichtern. Aber ähnlich wie auf dem Holzschnitt, der uns Erasmus von Rotterdam in seiner Renaissance-Arbeitsstube zeigt, wird wohl auch schon Nikolaus von Kues seine Bücher in Stollenschränken aufgebaut haben.

Fig. 6 Erasmus von Rotterdam in seiner Studierstube in Freiburg. Die Bücher stehen in Schränken. Aus »Effigies Desiderii Erasmi Roterodami...«, Basel 1553.

Um 1700 hatte der schon genannte Herr von Uffenbach seine Bibliothek aus dem strengen Geist des frühen Barock heraus, den Charakter des Privaten freilich auch in barocken Maßstäben sprengend, so sachlich und zweckentsprechend aufgebaut, daß wir sie »modern« nennen möchten, wenn Sachlichkeit mit Modernität gleichzusetzen heute noch richtig schiene.

Ein Menschenalter später baut Knobelsdorff in Sanssouci seinem Bauherrn Friedrich d. Gr. eine zwar fürstliche, aber doch persönlich wirkende Bibliothek, die uns ein gutes Beispiel für eine Bücherei des Rokoko zu sein dünkt. Und ein paar Seiten weiter in der Stilgeschichte blätternd, finden wir den Münchner Baumeister Leo von Klenze in einem Raum mit Büchern lebend, der aus klassizistischem Geist heraus entstanden ist. Wiederum formt eine durch baumeisterliches Denken geprägte Zeit eine Bücherei über aller Festlichkeit des Raumes sachlich und zweckentsprechend. Solche Zeiten dekorieren nicht mit Büchern. Der bürgerliche Klassizismus, die Zeit des Biedermeier, dachte nicht anders.

Weniger festlich als der Arbeitsraum Klenzes, aber besonders stark die Atmosphäre des Lebens und Arbeitens mit Büchern spüren lassend, ist der Arbeitsraum Jacob Grimms in seiner Berliner Wohnung um 1860. Hier ist auf jegliche dekorative Wirkung verzichtet. Der um die Wiedererweckung des deutschen Märchengutes und um die Grundlagen unserer deutschen Grammatik so verdiente Forscher hatte sich auch räumlich den denkbar engsten Kontakt mit seinen Büchern als Lebens- und Arbeitsgefährten geschaffen.

Goethes Arbeitsbücherei im Haus am Frauenplan in Weimar ist noch stärker auf nüchterne Zweckmäßigkeit abgestellt. Auch im biedermeierlich-bürgerlichen Wohnraum begegnet uns auf Zeichnungen der Zeit das Bücherbord in der schlichtesten Form. In der behaglichen Wohnung aber ist es der Schrank, hinter dessen verspannten Glastüren die Bücher ihren Platz haben.

Fig. 7 Die schlichte, aber umfangreiche Bibliothek des Frankfurter Büchersammlers Zacharias K. Uffenbach (1683–1734). ▽

Fig. 7

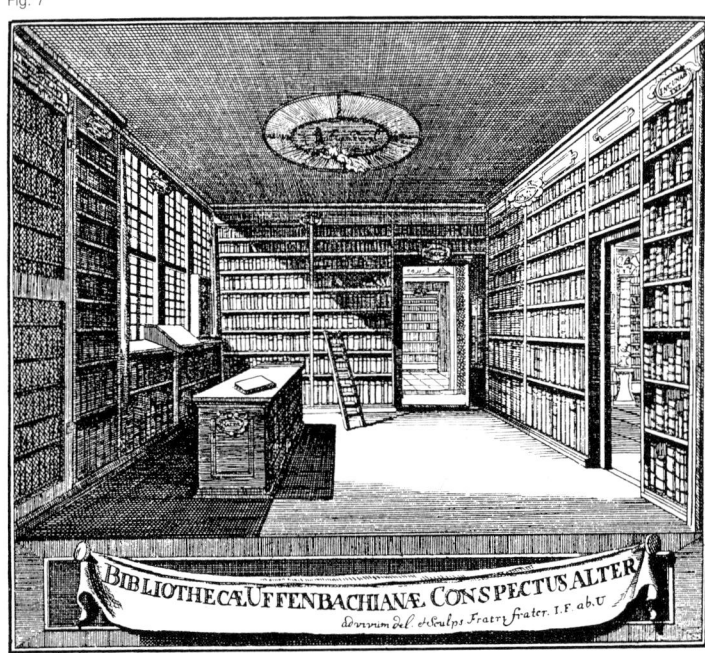

Fig. 8 Leo von Klenzes Münchener Arbeitsraum. Regale mit verschiedenen Tiefen schaffen Platz für alle Buchformate. Nach einem Aquarell von Christian Jank, 1834. △

Fig. 9 Das Berliner Arbeitszimmer von Jacob Grimm. Der Schreibtisch ist von niedrigen Regalen umsäumt. Porträts und weitere Bücherregale füllen die Wände. Nach einem Aquarell, um 1860. ▷

Die schönste Schilderung über das Wohnen mit Büchern bei Biedermeiers findet sich in Stifters »Nachsommer«: »In der Wohnung war ein Zimmer, welches ziemlich groß war. In demselben standen breite, flache Kästen von feinem Glanze und eingelegter Arbeit. Sie hatten vorne Glastafeln, hinter den Glastafeln grünen Seidenstoff und waren mit Büchern angefüllt. Der Vater hatte darum die grünen Seidenvorhänge, weil er es nicht leiden konnte, daß die Aufschriften der Bücher, die gewöhnlich mit goldenen Buchstaben auf dem Rücken derselben standen, hinter dem Glase von allen Leuten gelesen werden konnten, gleichsam als wolle er mit den Büchern prahlen, die er habe. Vor diesen Kästen stand er gerne und öfter, wenn er sich nach Tische oder zu einer anderen Zeit einen Augenblick abkargen konnte, machte die Flügel eines Kastens auf, sah die Bücher an, nahm eines oder das andere heraus, blickte hinein und stellte es wieder an seinen Platz. An Abenden, von denen er selten einen außer Hause zubrachte, außer wenn er in Stadtgeschäften abwesend war oder mit der Mutter ein Schauspiel besuchte, was er zuweilen und gerne tat, saß er häufig eine Stunde, öfter aber auch zwei oder gar darüber, an einem kunstreich geschnitzten alten Tische, der im Bücherzimmer, auf einem ebenfalls altertümlichen Teppiche, stand, und las. Da durfte man ihn nicht stören und niemand durfte durch das Bücherzimmer gehen. Dann kam er heraus und sagte, jetzt könne man zum Abendessen gehen.«

Fig. 10 Verglaster Bücherschrank mit Vorhängen hinter den Türen in einem Wohnraum der Zeit des Biedermeier, um 1830.

In den Bücherschränken der Familie Biedermeier standen damals unter den »modernen« Büchern Heines und Immermanns Gedichte, Bechsteins und Hauffs Märchen und Schwabs Sagen, und neben Romanen von Scott, Alexis und Fouqué das »Leben Jesu« von David Strauß und etliche Jahre später auch die ersten Bücher Stifters.

Es kam eine Zeit des Verfalls der Buchkunst und der Lebenskultur. Die Deutschen der achtziger Jahre hatten nichts mehr gemein mit der Herbheit biedermeierlichen Lebens. Auch Geist und Diktion der Bücher der Marlitt, Heimburg und Eschstruth, Ganghofer, Bleibtreu und Sudermann wurden eine Einheit mit den architektonisch so phantasievollen Schränken der Neurenaissance, in deren Glasscheiben sich die Gipsäpfel auf der Prunkschale des ovalen Tisches spiegelten.

Fig. 11 Bücherschränke in einem Wohnraum im üppigen Stil der Neurenaissance, um 1880.

Als dann die Menschen in den Salons sich über den umstürzlerischen Wedekind erregten, die »Gebildeten« Chamberlains »Grundlagen« gelesen haben mußten und über Morgenstern und Gerhart Hauptmann sich ereiferten, da zogen sich über die verglasten Türen der Bücherschränke die Sprossen gleich Blumenrispen von den Ecken aus durch die Scheiben. Rasch versank die Zeit des Jugendstils. Dreißig Jahre später, da man Bücher von Thomas Mann und Carossa, von Ludwig Renn und Wassermann, Hamsun und Galsworthy bei denen auszuleihen pflegte, die solche neuen Bücher besaßen, da war der ansehnliche Bücherschrank unmodern und das schlichte Regal »guter Ton« geworden.

Das war um 1930. Der Architekt war wieder Asket geworden, und als Rufer nach Sachlichkeit wurde er wohl auch zum fanatischen Eiferer, auch wenn darüber das Zweckvolle gelegentlich zum Un-Sinn wurde. Und doch bedeutete jene Zeit von Tessenow über das Bauhaus Abkehr vom Geiste des Malerischen der vergangenen Jahrzehnte, von jenem damals beträchtlichen Rausch des Dekorierens und Schmückens, der über Jahrzehnte hinweg den sachlich-schlichten Stil des Klassizismus und Biedermeier abgelöst hatte.

Fig. 12 Ein Jugendstil-Zimmer mit einem verglasten Bücherschrank, um 1902.

Fig. 13 Offene Bücherregale neben dem Sofa und eine Büchernische in der Wand. Entwurf von Heinrich Tessenow, um 1930.

Und in den fünfziger Jahren? Wer sich seine Bücherei zweckvoll und handwerklich sauber träumte, ist schon eines sturen Konservatismus verdächtig gewesen. Je aufgeschlossener der Mensch der Zeit gegenüberzustehen vorgab, um so aufgelöster, phantasievoller, dynamischer wünschte er sich seine Bücherwand. Dekoriere mit Büchern! Dieser damals neu aufklingende Ruf wurde nicht ohne Besorgnis vernommen. Wollte sich der Baumeister bereits dreißig Jahre nach Tessenow wieder in den Dekorateur verwandeln?

Fig. 14 Raumumschließender Regaleinbau mit offenen und geschlossenen Teilen, 1958.

Fig. 15 Freistehende Regale in Holz- und Metallkombination. Kecke Muster, freche Streifen, gespreizte Cocktailsesselbeine signalisieren die fünfziger Jahre.

Fig. 16 Grazile Leichtigkeit, Gerüschtes und ein Sofa in Nierenform bestimmen den Charakter des Sitzplatzes am Kamin. Die Wand wurde an der Decke bis zur Vorderkante der Regale vorgezogen. Um 1955.

1958–1985

Die sechziger Jahre brachten eine Abkehr vom Gehabten – auch im Umgang mit Büchern. Taschenbücher eroberten die Apfelsinenkisten-Regale (ein praktisches Möbel nach wie vor für unentschlossene Wohnanfänger, das sich beliebig umstapeln läßt, so gut wie nichts kostet und von dem man sich daher leicht wieder trennen kann); zwischen Steine wurden Bretter gelegt. Funktionelle, variable Stellagen waren gefragt. Zunächst zählte der Inhalt des Buches – wie es verwahrt wurde, blieb zweitrangig.

In den siebziger Jahren wurde es wieder chic, seine Bücher zu präsentieren, der Typus des Coffee-Table-Books erlebte Erfolge. Auf Fotos der Zeit sieht man die Künstlermonographie, den Landschaftsbildband, das Architekturbuch auf der Kristallplatte oder dem Kunststoff-Couchtisch, bisweilen die Lieblingsseite wie zufällig aufgeschlagen drapiert.

Die Entwicklung des fertigen, variierbaren Möbels, die nach dem Krieg begann, hat sich bis heute fortgesetzt, und so findet man in den meisten Wohnungen vorgefertigte Regale, die, erweiterungsfähig und veränderbar, bei einem Umzug leicht mitzunehmen sind. Die Vielfalt der Möbelsysteme erfüllt fast jeden individuellen Wunsch. Wer seine Hände zu gebrauchen weiß, versucht so viel wie möglich in den eigenen oder gemieteten Wänden selbst zu bauen, wobei sich die Geschicklichkeit vom Zusammenschrauben vorgefertigter Teile über das Bohren für Dübellöcher bis zum Schnitzen erweisen kann. Und wie lebt man nun zeitgemäß mit Büchern? Großzügig läßt man ohne Stildiktat alles gelten: die Antiquität als einzelnen Bücherschrank, das High-Tech-Regal aus der industriellen Lagerhaltung, lackierte Phantasiegebilde auf Rollen, ertüftelte Regalsysteme, die sich die Forschungsergebnisse des Flugzeugbaus zu eigen machen, handwerklich saubere Schreinerarbeiten nach Maß, verschraubte melaminbeschichtete Spanplatten und unbehandeltes Holz, das kein Astloch verbirgt.

Fig. 17 Das Coffeetable-Book wird in den siebziger Jahren modern, ebenso Kunststoffmöbel in Pink, dazu eine Halogenstehleuchte am Leseplatz.

Jedem ist selbst überlassen, seine Vorliebe dem Buch oder der Zurschaustellung, dem Nutzen oder der Wirkung zu geben. Obwohl das Buch mit neuen Medien wie Cassetten, Compactdiscs, TV-Spielen, Video und Heimcomputern konkurrieren muß, arrangiert es sich oftmals dennoch mit ihnen vor einer Wand zu einem verträglichen Nebeneinander – und beständig trotzt »das gute Buch« allen Versuchen, seine Aktualität in Frage zu stellen.

DAS BUCH – EIN GEBRAUCHSGEGENSTAND

Jene unserer Bücher, die zwei Generationen überdauerten, fühlten sich auch auf den einfachen Brettern der neuen Zeit wohl. Jene, die ganz Kinder ihrer Zeit waren, wurden auch mit den unmodern gewordenen Bücherschränken der Neugotik, der Neurenaissance und des Jugendstils ausgewechselt und vergessen. Den ins ungeheure angewachsenen Lesehunger fördert eine alle Proportionen sprengende Produktion. An die Stelle der handgebundenen Leder- und Pergamentbände vergangener Zeit traten der Pseudolederrücken der Buchgemeinschaften und der kartonierte Einband billiger Reihen. Die Bücherflut droht die Maßstäbe der oft allzu klein bemessenen Wohnung und der bescheidenen Regale zu sprengen.

Die Bücher sind stärker als je in unser Leben eingebrochen. Jener Vater aus Stifters »Nachsommer« hatte zu seinen Büchern in den grün verspannten Schränken sicher ein tiefes Verhältnis, aber sie waren seine Welt, von der die Familie mehr oder weniger ausgeschlossen war. Auch zu unserer Großväter Zeiten stand der Bücherschrank in der selten benutzten guten Stube. Und wer etwas von sich und seinen Büchern hielt, klebte ein Exlibris in den Buchdeckel, das nicht nur ein Bekenntnis zur eben als modern geltenden Graphik, sondern möglichst auch zur Weltschau des Besitzers zu sein hatte. Mit dem Aussterben jenes »Salons« fanden die Bücher ihren Platz im Wohnzimmer, in der Mitte der Familie. Sie standen da offen und ohne den Schimmer des Entrückten, vielleicht Verbotenen. Mochten auch die Kinder ihre Jugendbücher bei sich im Zimmer stehen haben – die Bücher in der Wohnstube wurden früh schon auch von den Heranwachsenden in Besitz genommen. Das gerade ist es, was man Büchern und Menschen wünschen sollte.

Ist es so, daß ein Regal mit ein oder zwei Metern Breite und seinen fünf oder sechs Fächern den Bücherschatz zu bergen vermag, so bereitet die Frage nach dem Platz in der Wohnung noch verhältnismäßig wenig Sorgen. Mehrt sich mit den Jahren und mit der wachsenden Liebe zu Büchern auch deren Zahl, so ist ihr Lebensraum auch bald nicht mehr auf die Wohnstube beschränkt. Hat der Hausherr einen Arbeitsraum zu eigen, so wird er dort auch ein gut Teil der Bücher aufstellen wollen, allem zuvor jene, die mit seiner Arbeit verbunden sind. Ist in diesem oder jenem Raum vielleicht auch der Kern der häuslichen Bibliothek untergebracht, so bilden sich trotzdem bald metastasenhaft Kolonien. Die Hausfrau möchte einige ihrer besonderen Freunde näher um sich haben, Sohn und Tochter bilden eigenen Besitz. Für die Ableger der ursprünglichen Gemeinschaftsbücherei wird dort ein kleines Regal, an anderer Stelle ein Bü-

Fig. 18 Ein kleines Bücherregal in einer Fensternische. Geschickt umspielen Vorhänge das Regal, das aus der Nische vorsteht, da die Mauerstärke in Neubauten in der Regel geringer ist als die erforderliche Regaltiefe.

Das Buch – Ein Gebrauchsgegenstand

cherbord zum Hängen wünschenswert. Wer gewohnt ist, mit einem Buch die Stunde vor dem Einschlafen zu verbringen, legt es auf das Kästchen neben dem Bett. Aber statt des lächerlich gewordenen Faches für nächtliche Nöte wird nun ein kleines Fach für ein paar Bücher als praktisch empfunden. Und seitdem die Verleger dafür gesorgt haben, daß außer dem altbewährten Wiener Kochbuch, das in der Küchenschublade neben Büchsenöffner und Geflügelschere seinen Platz hatte, Dutzende hübscher und die Phantasie der Kochkünstler anregender Ratgeber erschienen sind, ist die Schublade ungeeignet. Ein Fach für Kochfachliteratur in den eingebauten Schränken der Küche ist nicht abwegig. Unendlich vielfältiger sind so die Möglichkeiten und Notwendigkeiten geworden, Bücher aufzubewahren, als dies noch in der Familie Biedermeier gebräuchlich war. Das Buch, in manchen Bereichen zur Massenware geworden, hat viel eingebüßt von seiner einstigen rein geistigen und musischen Stellung im Leben. Aber es ist dem Menschen von heute zugleich nähergerückt, es ist ein Teil seiner Umwelt geworden, ein Gebrauchsgegenstand, der wie Geschirr, Wäsche und aller Hausrat seinen wohlüberlegten Platz in der Wohnung beansprucht. Und doch ist das Buch glücklicherweise noch mehr als nüchterner Hausrat. Es ist, recht verstanden, innerer Besitz, ein Stück unserer Persönlichkeit, und bedarf um dieses gesteigerten Wertes willen auch besonderer Sorgfalt und Liebe bei allen Überlegungen, es in unsere Umwelt würdig einzuordnen.

Fig. 19 Wenn Kochbücher in der Küche in Griffnähe des Herdes aufbewahrt werden, dann sollten sie hinter Türen vor Dampf und Fett geschützt sein.

VOM EINORDNEN DER BÜCHER UND VON IHREN GRÖSSEN

Ehe man sich zum Bau oder Kauf eines Regals entschließt, sollten über die Bedingungen Klarheit bestehen, die Bücher an das Regal stellen. Die Maße der Bücherregale bestimmt das Buch. Nun ist es der Kummer eines jeden Anfängers – manchmal auch der Experten –, daß Bücher sich besonders individualistisch gebärden. Den Laien will es dünken, als sei die Zahl der Formate unbeschränkt. Ganz so ist es nicht. So fallen unter hundert Bänden aus dem Bereich der Belletristik keine fünf aus dem Rahmen. Ein Roman, dessen Format größer gewählt wird als gebräuchlich, wird seinem Verleger wenig Freude machen. Der Roman hat eine Rückenhöhe von 20 bis 21 cm. Eine lichte Fachhöhe von 22 bis 23 cm erweist sich als praktisch. Bändchen kleineren Formats oder einzelne größeren Formats und eigenwillige Sonderlinge aus dem Bereich der Belletristik finden dann in besonderen Fächern ihren Platz. Je geschlossener eine Bücherfront erscheint, um so ruhiger und ästhetischer wirkt sie.

Viel schwieriger ist es, Bücher über Kunst in Fächern unterzubringen. Da mag wohl ein Band mit Holzschnitten Dürers 20 cm und ein anderer 40 cm hoch sein, und damit kommt der ordnende Wille leicht in Verlegenheit, doch muß ja Ordnung nicht in Pedanterie ausarten.

So sind wir bereits inmitten der Fragen, die das Ordnen der Bücher aufwirft. Der mit seinen Schätzen ergraute Bücherfreund wird jeden Rat in dieser Richtung belächeln. Er hat sich damit ein Leben lang herumgeschlagen, weiß, daß eine ideale Ordnung in manchen Teilen nie möglich wird, findet aber im übrigen, daß es eine klügere und praktischere Ordnung, als sie von ihm erdacht wurde, nicht geben könne. Der nur dekorativ Denkende mag nach der Harmonie der farbigen Einbände ordnen. Hans Reimann hat für den auf Ordnung Sinnenden den sarkastischen Rat bereit, Stefan George mit Wallace, Ganghofer mit Bert Brecht oder Hemingway mit Bonsels im Regal zu ehelichen. Der Anfänger wird nach Formaten ordnen. Man mag das ein allzu äußerliches oder pedantisches Prinzip nennen. Trotzdem ist es durchaus vernünftig, solange nur etliche Gefache zu füllen sind. Dann mag auch bei den größeren Bänden neben einem gewichtigen Band der Weltgeschichte etwa eine ebenso große Anthologie deutscher Erzähler oder in der Reihe der 20 cm hohen Bände neben einem modernen Roman ein Band von Nietzsche stehen. Beginnt eine Bücherei in die Hunderte von Bänden zu wachsen, so wird eine bestimmte, der Art der Bücherei entsprechende Gliederung unabdingbar, soll nicht jedem Griff nach einem Buch erst ein langes Suchen vorausgehen. Man scheidet dann die Belletristik etwa vom historischen, kunstgeschichtlichen oder fachlichen Buch. Man wird vielleicht die Gartenbücher als häusliche Ratgeber ebenso an einem Platz vereinen wie etwa Kochbücher oder jene Bücher, die sich als Führer auf Reisen ihre Meriten erworben haben. Und man wird schließlich die Belletristik nach Nationen teilen und zuletzt von Alexis bis Zweig nach dem ABC ordnen.

Mit dem Wachsen einer Bücherei wird die Aufgliederung immer vielfältiger und zugleich den individuellen Bedürfnissen angepaßter. Dabei wird festzustellen sein, daß die einzelnen Gruppen der Bücher recht verschiedene Maße aufweisen.

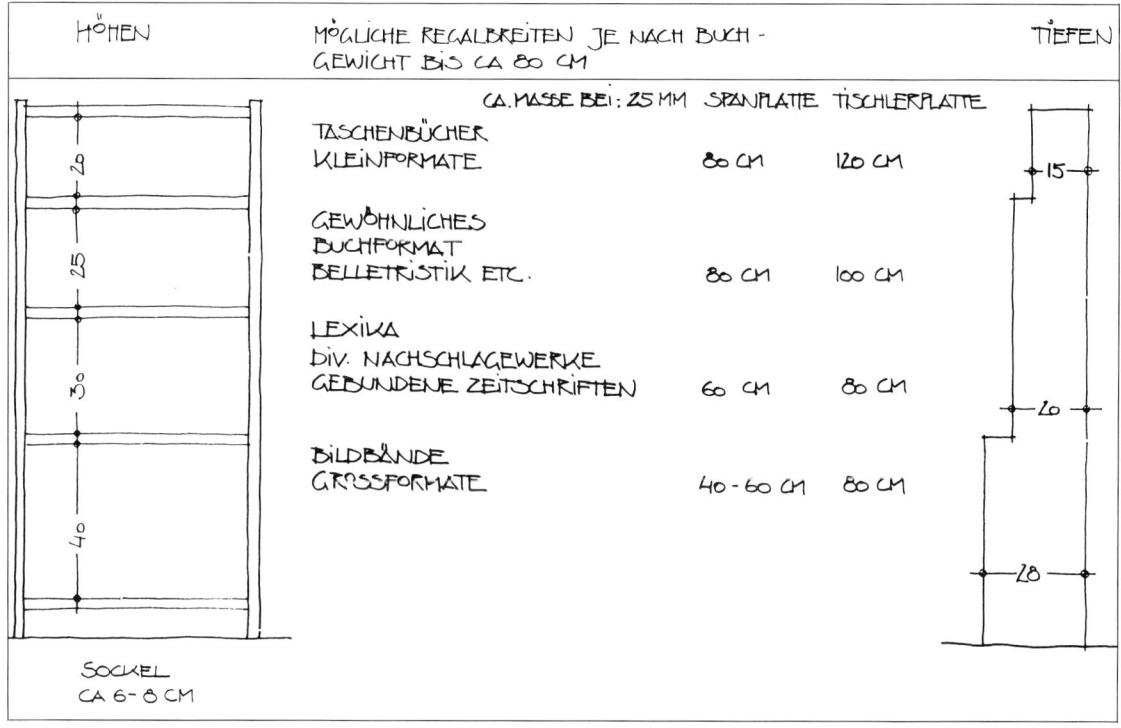

Übersicht über verschiedene Buchformate und die bei den einzelnen Buchtypen möglichen Regalbreiten bei Böden aus Spanplatte oder Tischlerplatte.

Um Raum zu sparen, wird man die Fachtiefen den normalen Maßen annähern. So ist zu überlegen, ob wegen des einen oder anderen größeren Bandes der Gruppe Belletristik die Fachtiefe für die gesamte Belletristik auf die paar Sonderlinge abgestellt werden soll. Das kann man um so eher unterlassen, als es immer Möglichkeiten geben wird, an einer besonderen Stelle ein kleineres Regal mit größerer Tiefe anzuordnen, um dort besonders große Formate unterzubringen. Zur Unterbringung von Atlanten und Mappenwerken ist an einer Stelle ein tiefer bemessenes Unterteil mit Schiebetüren zu empfehlen. Zeitschriften lassen sich besser liegend in flachen Fächern unterbringen.

Die gewichtigen Bücherschränke von anno dazumal hatten zumeist eine unnötige Tiefe. Die Aufstellung der Bücher in zwei Reihen war, wenn es sonst an Raum mangelte, die Folge. Ohne Not wird kein Bücherfreund die Doppelreihen wählen.

Bei der Planung eines Büchereieinbaues in eine neue Wohnung bedarf es großer Umsicht und des Zusammenwirkens von Bücherfreund, Innenarchitekt oder Schreiner, um die verfügbaren Wandflächen mit den für die einzelnen Gruppen benötigten Regalflächen in Einklang zu bringen. Dabei ist zu bedenken, daß jede Bücherei wohl Platz bieten sollte für die im Laufe der Jahre zu erwartenden Neuzugänge. Platz wird aber nicht nur durch neue Stellflächen gewonnen, sondern auch durch ein bedächtiges Ausscheiden von Überflüssigem.

DAS EINRICHTEN MIT BÜCHERN

Niemand wird von heute auf morgen damit beginnen, Bücher zu sammeln und auf einmal vor dem Problem stehen: wohin damit? Aber bei einem Umzug oder wenn eben die vorhandenen Regale nicht mehr reichen, wenn man einfach seine Umgebung anders gestalten möchte oder wenn auf einmal Geld da ist, sich endlich etwas Durchdachtes für die passende Unterbringung seiner Bücher anzuschaffen, dann sollte die erste Frage sein: *wohin?* Möchte man sich im Wohnraum mit dem umgeben, was man gelesen hat oder lesen möchte, braucht man die Bücher nur zum Nachschlagen am Arbeitsplatz? Warum sollte der Flur nicht genutzt werden mit Regalen zwischen und über den Türen, damit der Wohnraum für Bilder, Pflanzen, Hi-Fi oder kahle inspirierende Wände frei bleibt? Vielleicht ist auch im Schlafraum – wovon bei vielen Neubaugrundrissen allerdings nur zu träumen ist – Platz, um mehr als ein Einschlafbuch am Kopfende des Bettes unterzubringen? Es gibt auch Wohnungen, da findet man an jeder Wand in jedem Raum Bücher, die selbst vor Stühlen, Sofas und dem Fußboden nicht Halt machen – es hat eine wundersame Verwandlung stattgefunden: man lebt in Büchern. Jeder Einrichtungsversuch wird hier vergebens enden.

Nachdem der Aufstellungsort feststeht, ausgemessen wurde, wie hoch und wie breit das neue Möbel sein kann/muß, ist zu klären, *was alles untergebracht werden soll.* Kann man sich den Luxus leisten, nur Bücher aufzustellen, sind nicht Fotoalben, Zeitschriften, Schallplatten zwangsläufig da, mit ihren eigenen Maßen und Anforderungen an die Art ihrer Aufbewahrung? Gibt es weniger attraktive oder staubempfindliche Dinge hinter geschlossenen Fächern zu verstecken, wieviel ist wovon vorhanden und in den nächsten Jahren zu erwarten? Letztlich verlangt diese Überlegung eine genaue Skizze, um die verschiedensten Maße nachher auch bewältigen zu können. Sollen Apparaturen wie TV, Plattenspieler usw. mit in dieses – zunächst völlig vage – Gestell, wo sind die erforderlichen elektrischen Anschlüsse, die Antennenbuchse, ist genügend Platz da, daß die Wärme entweichen kann, die manche unterhaltungselektronischen Geräte entwickeln, läßt sich auch der Deckel des Plattenspielers noch genügend weit öffnen?
Soll bis an die Decke hoch gebaut werden, wo man aber bereits einen Stuhl oder eleganter eine kleine Treppe braucht, um hinlangen zu können, oder soll nicht eine flache, den ganzen Raum umschließende Lösung vorgezogen werden, wobei man jedem Buch mit einem Kniefall seine Aufwartung machen muß?

Das Einrichten mit Büchern 27

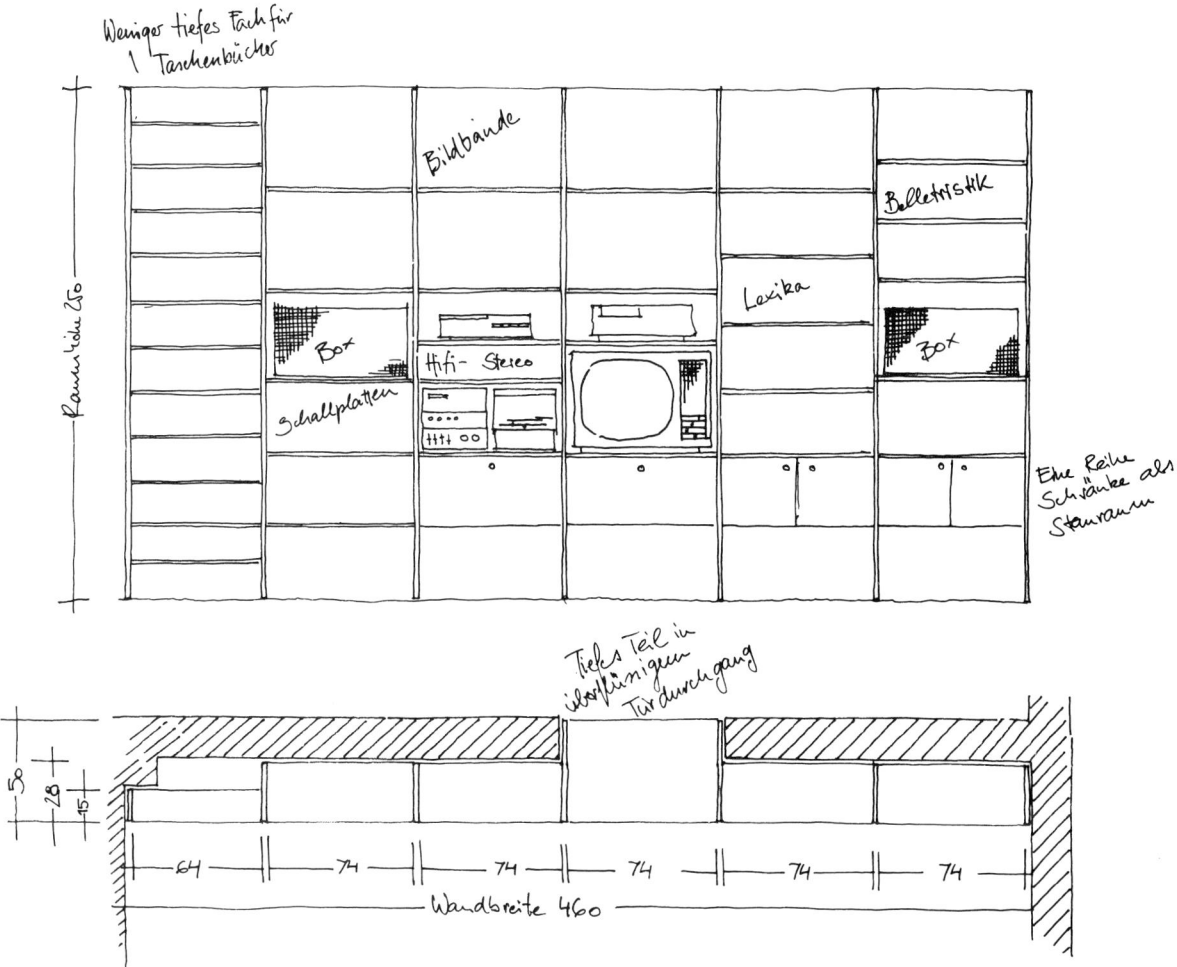

Fig. 20 In einer Skizze sollten die Maße der unterzubringenden Bücher, der Unterhaltungselektronik und sonstiger Gegenstände festgehalten und danach das erforderliche Regal ausgewählt, angefertigt oder selbstgebaut werden. Als Anhaltspunkt gebräuchlicher Maße mag die untenstehende Tabelle dienen.

MASSTABELLE FÜR UNTERHALTUNGSELEKTRONIK		BREITE	HÖHE	TIEFE
HiFi				
PLATTENSPIELER		32-40 CM	10-35 CM	30-40 CM
TUNER		28-40 CM	5-8 CM	20-30 CM
VERSTÄRKER		28-40 CM	6-12 CM	20-30 CM
CASSETTENDECK		28-40 CM	6-12 CM	20-30 CM
CD-PLATTENSPIELER		30-45 CM	8-10 CM	28-32 CM
KOMPAKTANLAGEN		CA 45 CM	30-40 CM	CA 38 CM
TV - VIDEO				
VIDEORECORDER		40-50 CM	10-15 CM	27-40 CM
FERNSEHGERÄTE				
GEWICHT	8 KG	43 CM	30 CM	26 CM
	23 KG	56 CM	50 CM	46 CM
	33 KG	70 CM	45 CM	42 CM
	40 KG	80 CM	60 CM	47 CM
LANGSPIELPLATTEN HABEN EIN MASS VON 31 CM × 31 CM				

Als nächstes steht eine folgenschwere Entscheidung an: *Was kann selbst gemacht werden, oder soll ein fertiges Möbelsystem gewählt werden?* Im ersten Fall wird in den kommenden Wochen ein Bücherberg die Wohnung bestimmen, bis das handwerkliche Geschick in der Freizeit mit dem Bau fertig geworden ist, und im zweiten Fall wird die Wohnung nicht anders aussehen, bis endlich geliefert und montiert worden ist. Nun gibt es das Mittelding, das sind zwar industriell gefertigte – und in Einzelteilen im Pkw relativ leicht zu transportierende – Möbel, die zu Hause direkt zusammengebaut werden können, was je nach System unterschiedlich aufwendig zu bewerkstelligen ist.

Der Bildteil zeigt zu allen drei Varianten viele Beispiele – wie man an ein Gestell (nicht nur) für seine Büchersammlung kommt –, und der ideenreiche Selbermacher wird auch aus den vorgestellten Serienprodukten sinnvolle Details entnehmen und auf seine individuelle Lösung übertragen. Bei Serienmöbeln ist darauf zu achten, daß Einzelteile auch nach Jahren noch lieferbar sind. Dies ist sicherlich mit ein Grund, daß manche Produkte teurer sind als ähnlich ausschauende – aber der Vorteil, immer wieder erweitern zu können, ist einleuchtend.

Unabhängig davon, ob nun fertig, halbfertig oder noch in der Planung des handwerklich Begabten, sind folgende Gruppen bei den Regalmöbeln zu unterscheiden:

Das freistehende Regal. Es bedarf keiner Befestigung an der Wand, und in vielen ausgetüftelten Variationen liegen Bretter aus den unterschiedlichsten Materialien auf Auflagehalterungen in den die Höhe des Regals bestimmenden Seitenteilen. Diese können massiv sein, es können auch Stangen an den vier Ecken der Böden sein. Regale dieser Art haben mitunter Rückwände, kreuzförmige Verstrebungen oder stehen auch ohne solche fest. Diese Regale lassen sich meist an den Seiten beliebig verlängern, ohne daß doppelte Seitenwände erforderlich sind. Geschlossene Schrankteile können bei diesen Konstruktionen nur selten eingehängt werden, ohne daß das tragende Gerüst – zumindest an einigen Stellen – in der Wand befestigt werden muß.

Fig. 21 Freistehendes Regal mit geschlossenen Seitenteilen.

Fig. 22 Freistehendes Regal mit Stangen als Seitenstützen und kreuzförmiger Verstrebung an der Rückseite.

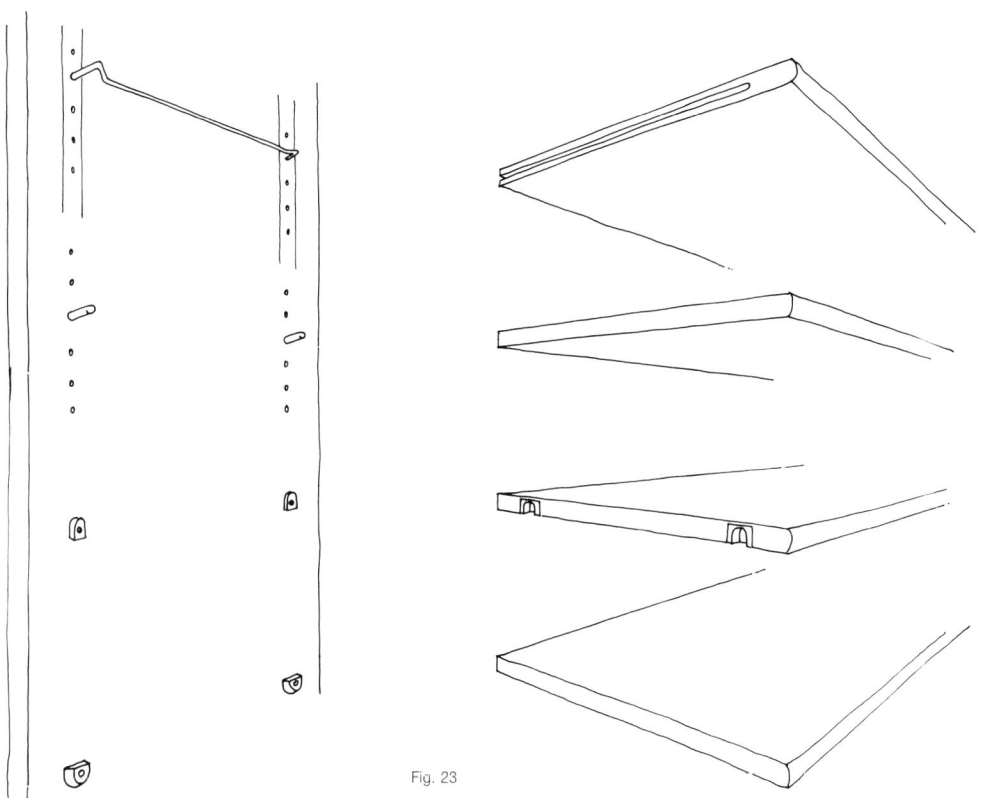

Fig. 23 Verschiedene Auflagemöglichkeiten der Regalböden (von oben nach unten): Schwedenbügel in eingelegten Lochleisten; Stifte in Lochreihen; Beschläge, über die der Boden unsichtbar gehängt wird; Auflageknöpfe, nicht beliebig verstellbar.

Fig. 24/25 Regale mit oder ohne Rückwand haben ganz unterschiedliche Wirkungen, einmal als eigenständiges Möbel oder als Stellage, in der die Bücher das Wichtigste sind.

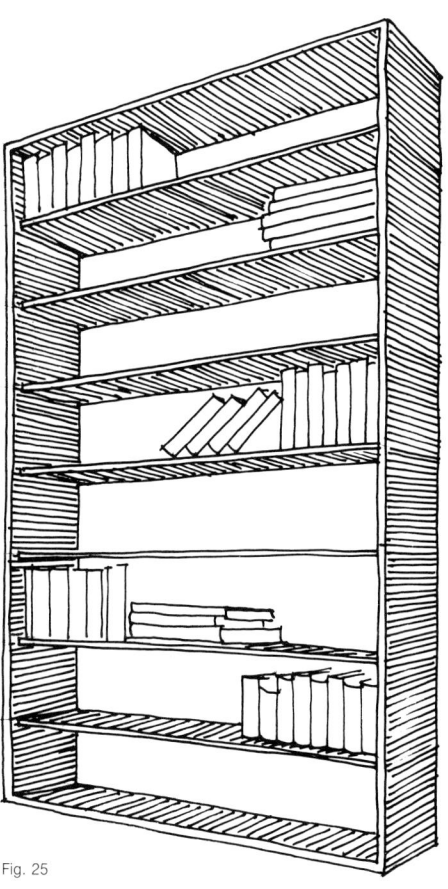

Fig. 24   Fig. 25

Das an der Wand befestigte Regal. Hierbei werden Schienen (meist) aus Metall in die Wand gedübelt, und in diesen lassen sich in nur wenige Zentimeter großen Abständen Träger einhängen, die ihrerseits die Böden oder auch geschlossene Schrankteile halten. Systeme dieser Art haben den Vorteil, daß sich an einer Wand problemlos verschieden tiefe Bretter und geschlossene Teile kombinieren lassen. Die Schienen gibt es sowohl für senkrechte Anbringung oder auch in waagerechter Variante. Bei einigen anderen Systemen werden Leitern in die Wand gedübelt, in deren Sprossen die Böden oder Schrankteile Halt finden. Selbst unauffällig, lassen solche fest an der Wand schwebenden Regallösungen den Inhalt zur Geltung kommen, Rückwände, die den Eindruck eines massiven Möbels vermitteln, sind hierbei nicht erforderlich.

Wenn der Platz zum Verstauen wieder erschöpft ist, lassen sich zwei oder drei Böden zusätzlich leicht anbringen. Ohne Renovierungsarbeiten kann man das Zimmer allerdings nicht umräumen, denn die Dübellöcher bleiben natürlich in der Wand sichtbar, wenn das Regal abgenommen ist.

Fig. 26 An der Wand befestigtes Regal. In Schienen hängen Winkel, die die Böden tragen.

Fig. 27 An der Wand werden Leitern verdübelt, in deren Sprossen die Böden eingehängt werden.

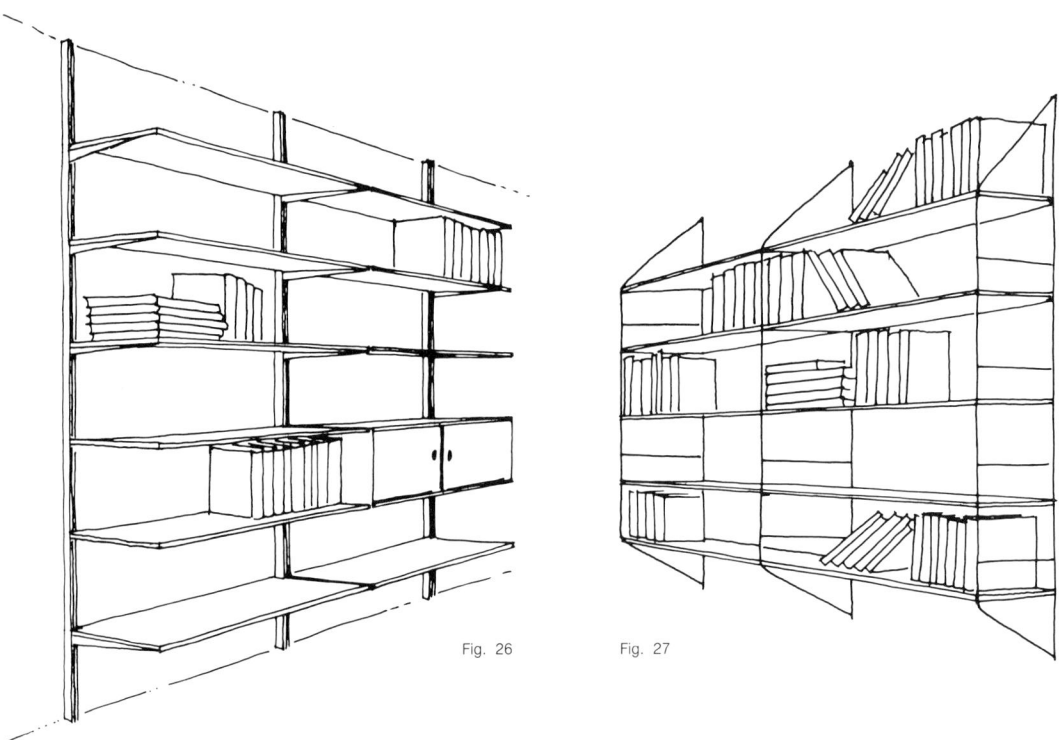

Fig. 26   Fig. 27

Das Einrichten mit Büchern 31

Das zwischen Boden und Decke gespannte Regal. Oft werden Möbel dieser Art als Raumteiler eingesetzt, da sie festen Halt garantieren, auch wenn keine stützende Wand hinter ihnen ist. Durch teleskopartige Endstücke werden die Träger oben und unten gehalten, außerdem werden sie meist verschraubt. Befinden sich die Träger in der Mitte des Regals und lassen sich von beiden Seiten Böden oder Schrankteile anbringen, kann das Regal doppelt genutzt werden.

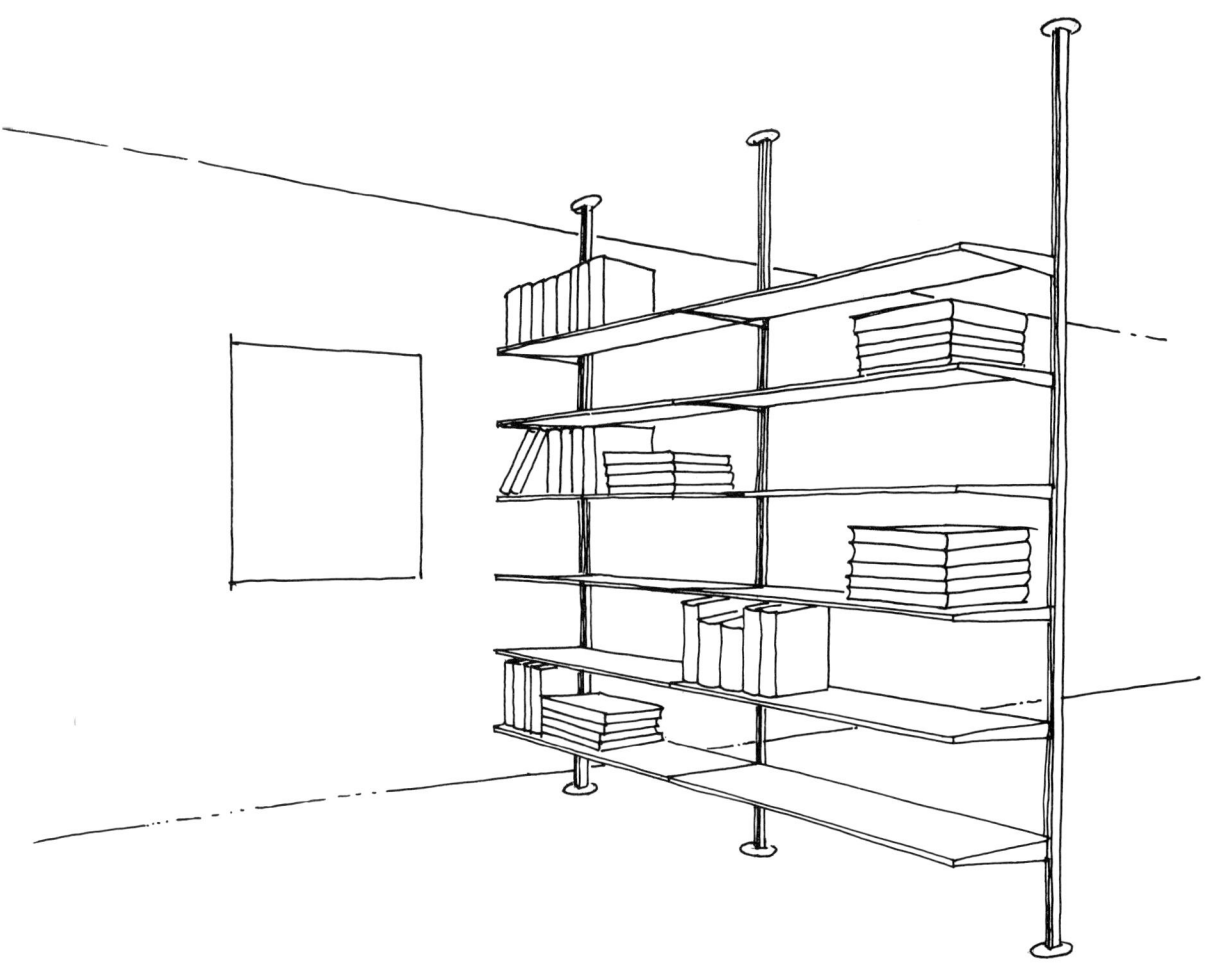

Fig. 28 Zwischen Boden und Decke werden Träger gespannt, in die Winkel eingehängt werden.

32 Das Einrichten mit Büchern

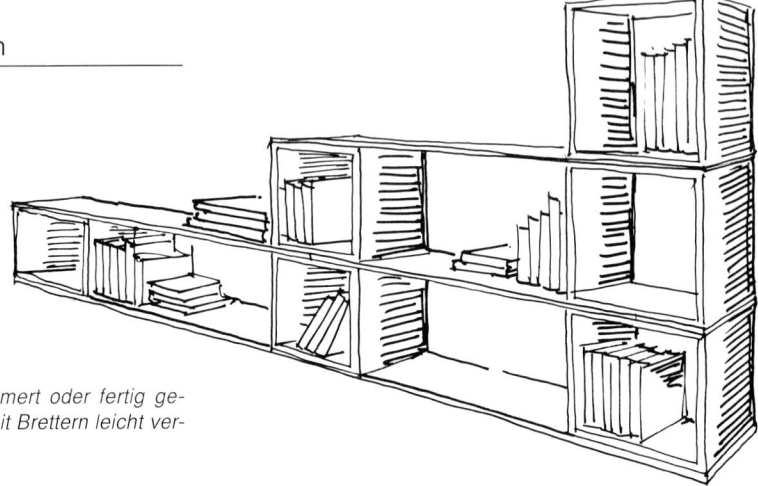

Fig. 29 Aus Kästen, die selbst gezimmert oder fertig gekauft werden, lassen sich zusammen mit Brettern leicht veränderbare Regale stapeln.

Das aufgebaute Regal. Unkompliziert aufzubauen, variabel und meist preiswert sind solche Stapellösungen. Es können Steine mit Brettern sein oder einzelne kistenförmige Würfel, wobei sich allerdings doppelte Seitenwände ergeben, wenn diese Kisten nicht versetzt aufgebaut werden, wodurch man in den entstehenden Zwischenräumen zusätzlich Platz gewinnt.

Es gibt auch fertige Metallbeschläge zu kaufen, die T-, winkel- oder kreuzförmig gestaltet sind. An den Ecken von beliebig starken zugeschnittenen Holz- oder Preßspanplatten verschraubt, gewährleisten sie einen individuellen Regalbau, der bei entsprechender Brettstärke und richtigem Verhältnis zwischen Höhe und Tiefe des Regals genügend Stabilität bietet, um auch frei im Raum stehen zu können (Abb. 40, 41).

Diese knappe Typenübersicht vermag nichts von den ausgeklügelten Detaillösungen zu berücksichtigen, mit denen die Möbeldesigner an das Problem des variablen und ergänzbaren Regals gegangen sind. In der Tat sind es oft nur Kleinigkeiten, die dem einen System vor dem anderen den Vorzug geben, seien es integrierte Buchstützen, seien es verdeckte Griffleisten, kombinierbare unterschiedliche Tiefen, ausgefallene Materialien, sinnvolle Einbauten oder auch nur Böden, die selbst bei starker Belastung nicht durchhängen (s. Tabelle S. 25) – was man wohl von einem ordentlichen Regal erwarten kann.

Zur wirkungsvollen Beleuchtung von Bücherwänden am Abend werden Systeme von Strahlern und Stromschienen angeboten, die die hinter Sichtblenden eingebauten Leuchtstoffröhren allmählich verdrängen. Wem diese perfekte Art, fast jeden Buchtitel auszuleuchten, übertrieben scheint, der kann mit einzeln verstreuten Lichtspots, seien es nun kleine Tischleuchten oder Klemmleuchten, Akzente setzen, die den gesamten Raumcharakter verändern, und die ausreichen, um auch am Abend seine Lektüre zu finden. Die für die Beleuchtung erforderlichen Anschlüsse und der Kabelverlauf sind bei der Planung zu berücksichtigen.

Fig. 30 Ein Regal wie in Figur 29, allerdings nur aus Kästen ohne Zwischenbretter gestapelt.

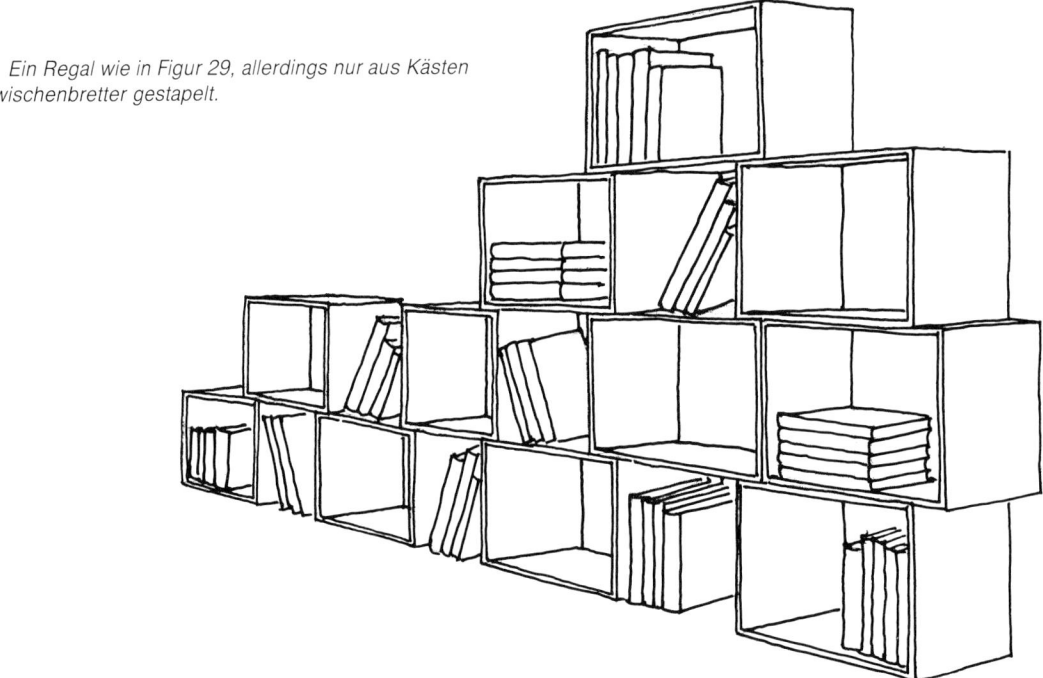

IDEEN ZUM EINRICHTEN UND SELBERMACHEN

(Hersteller- und Produktnachweis s. Tabellen im Anhang, S. 202 ff.)

DER LESEPLATZ

Jeder hat seine eigenen Vorlieben, wo er lesen mag. Es kann der Stuhl vor einem Tisch sein – bei schweren Büchern und beim Arbeiten sicherlich der beste Platz, um sich auf den Inhalt konzentrieren zu können. Man braucht das Buch nicht zu halten und hat die Hände frei, um sich Notizen zu machen. Es ist Platz auf dem Tisch für eine Leuchte, und wer's mag, kann auch beim Lesen essen oder trinken. Steht unter dem Tisch noch ein Schemel oder eine Bank, so spürt man an den Füßen vom kalten Boden nichts mehr, befindet sich auf der anderen Seite des Tisches ein weiterer Stuhl, so kann man gelegentlich genüßlich die Beine hochlegen.

Andere Leser brauchen den schweren Sessel im Rücken, um bei der Lektüre ihr Glück zu finden. Wichtig auch hierbei ist die Ablagemöglichkeit und natürlich gute blendfreie Beleuchtung, sowohl bei Tage als auch am Abend. Ein Hocker oder Stuhl für die Beine ist auch hier angebracht, denn sonst wird der spannendste Roman kaum lange fesseln.

Wohl auch aus diesem Grunde wurden Liegen, Chaiselonguen oder Récamieren erfunden, auf denen man sich lang ausstrecken kann, und so vollkommene Lese-Bequemlichkeit entsteht.

Die Couch bietet den zusätzlichen Vorteil, daß man bei entsprechendem Entwurf gleich alles um sich legen kann: Buch, Essen und Trinken, Zigaretten, vielleicht außerdem den sonst noch mehr störenden Telefonapparat. Ein weiterer Vorteil: auf solch einem Möbel läßt es sich auch zu zweit lesen.

Daß im Bett gelesen wird, ist bekannt, daher sollten auch dort genügend und praktisch erreichbare Ablageflächen und das richtige Licht, das niemanden blendet, vorhanden sein.

1 Ein Lese- und Arbeitsplatz direkt neben dem Bücherregal, mit Tageslicht von vorne. Der Tisch mit nur zwei Beinen hängt an der linken Seite in den Leitern des Regals. Der »Leiterrückenlehnen«-Sessel stammt aus der zweiten Hälfte des 19. Jahrhunderts.

2 Zwischen Bücherwand und einem Ablagetischchen wird der Ledersessel in einer Bibliothek zum gemütlichen Leseplatz.

Der Leseplatz

3 Ein stabiles Haushaltsregal dient hier als Büchergestell, direkt davor die dreibeinige Metalliege »Swing« von Giovanni Offredi. Als Ablage dienen der Teppich und ein Beistellhocker.

4 Das Bett als bevorzugter Leseplatz in einem Einzimmer-Appartement. Bücher können in den offenen Fächern untergebracht werden, Gläser hinter Glastüren, Büromaterial in geschlossenen Teilen. Eine Klemmlampe am Brett über dem Bett sorgt für Leselicht bei Nacht.

5 Das Ledersofa wird von Hängeregalen als gemütliche »Lesehöhle« umbaut. Zusätzliche freistehende Regale nehmen die ständig wachsenden Bestände dieser Bibliothek auf.

BÜCHER IM WOHNRAUM

Verfolgt man den Begriff des »Wohnens« etymologisch zurück, so findet man das althochdeutsche Wort »wonen«, und das steht für »sich aufhalten, bleiben«, »gewohnt sein«, was wiederum »zufrieden sein« beinhaltet. Im germanischen »wun« und indogermanischen »uen« liegen die Bedeutungen von »verlangen, lieben«. All diese Wortinhalte schwingen mit in dem heutigen Wort »wohnen«, und in der Tat läßt sich die Tätigkeit des Wohnens auch mit all diesen (und noch mehreren) Möglichkeiten umschreiben: Dort, wo ich »gewohnt bin, mich aufzuhalten, um zufrieden zu sein«, dort wohne ich.

Es ist daher nur konsequent, wenn man sich im Wohnraum mit den Dingen umgibt, an denen man Freude hat, die den Vorlieben des einzelnen und der Familie entsprechen, seien es nun Bilder, Pflanzen, Schallplatten, Sammlungen, TV, Bücher – oder von all dem etwas.

Nicht immer ist es nur der Wunsch, sich mit vielen Dingen in einem Raum zu umgeben, oft ist es auch der fehlende Platz, der dazu zwingt, die Tätigkeiten des Alltags in *einen* Raum zu verlegen, also dort auch zu essen und in Appartements gleichfalls noch zu schlafen. Im Wohnraum werden Gäste empfangen, man spricht miteinander, diskutiert, feiert, und oft genug sind es die persönlichen Gegenstände, die Anlaß für Gesprächsstoff geben; gerade die Bücher mit ihren den Inhalt bloßlegenden Rückentiteln zeigen, womit sich die Gastgeber beschäftigen, womit sie beim Lesen »zufrieden sind«.

Die hier ausgewählten Beispiele versuchen unterschiedlichsten Wohnformen gerecht zu werden, gleichgültig ob nur wenige Bücher vorhanden sind, ob es noch weitere Räume in der Wohnung gibt, in denen Bücher verwahrt werden, ob sie sich mit vielen Utensilien eine Wand teilen müssen oder ob sie den Charakter eines Raumes allein bestimmen.

Das Einzelmöbel – der Bücherschrank

Der Bücherschrank mit gläsernen Türen, der Sekretär mit ein, zwei Borden oder das kleine Büchergestell, das einige Titel aufnimmt, haben etwas Anheimelndes an sich. Gleichgültig ob sie aus Familienbesitz stammen, vom Antiquitätenhändler oder Sperrmüll sind oder heutigem Design gehorchen – sie strahlen Gemütlichkeit aus. Sie sind selbständige Möbelstücke, sind nicht dem Zwang des Variierens, Anbauens, Erweiterns unterworfen. Am besten wirken sie ohne weitere Bücher-Möbel vor einer Wand in der Nähe der Sitzgruppe oder des Leseplatzes. Auch aus den verschiedenen Anbauprogrammen der Möbelfirmen lassen sich Einzelstücke als individueller Blickfang auswählen.

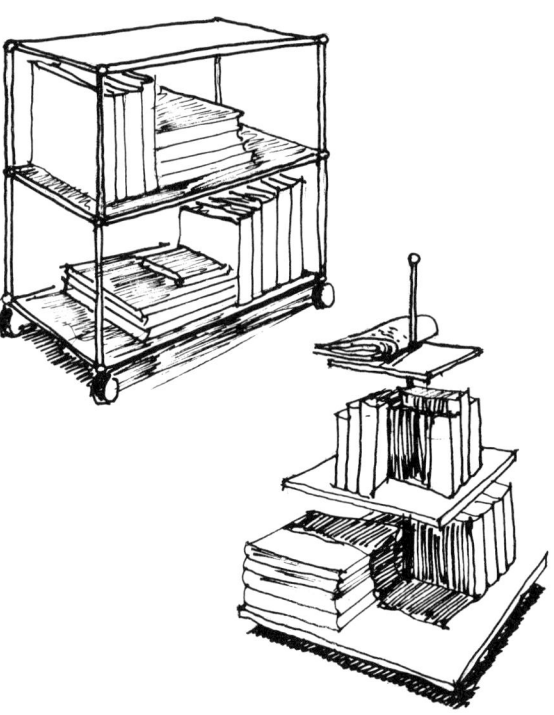

6   Bücherwagen, zusammengeschraubt aus Metallrohren.

7   Eine Bücheretagere kann praktische Ablage neben dem Leseplatz sein.

8   Drehbares Büchergestell auf Rollen (vgl. Abb. 100).   ▷

Das Einzelmöbel 39

40 Das Einzelmöbel

9 Ein alter Sekretär aus Familienbesitz bietet Aufnahme für einige kostbare Bände.

Das Einzelmöbel 41

10 Englischer Mahagoni-Sekretär mit verglasten Bücherfächern.

42　Das Einzelmöbel

11 Ein Serienmöbel, das in Tischlermanier gefertigt wird. Das Pult hat hinter dem Rolladen eine ausziehbare Schreibplatte. Der Aufsatz bietet Platz für Bücher, zusätzlich gibt es für Schreibutensilien einen Rollcontainer. ▷

12 Ein lichter kleiner Arbeitsplatz, die Bücher im verglasten Aufsatzteil des Sekretärs. ▽

Das Einzelmöbel 43

13 Aus vier Einzelelementen, zwei eintürigen Schränken und zwei Vitrinen, wurde dieser Bücherschrank kombiniert.

14 Ein Schrank mit offenen, geschlossenen und verglasten Fächern, um 1935. Das Aufsatzteil ist abnehmbar.

44 Das Einzelmöbel

15 Zwischen zwei Fenstern wird dieser hohe Bücherschrank mit offenen und verglasten Teilen zum bestimmenden Möbel in einem Eßzimmer.

Das Einzelmöbel 45

16 Verschieden hohe Teile eines Möbelprogramms sind pyramidenförmig zusammengestellt – aus einem Serienprodukt wird eine individuelle Einrichtung.

17 Aus verschieden tiefen, offenen und geschlossenen Einzelschränken wurde dieser imponierende Bücherschrank zusammengesetzt. ▽

18   Der profiliert gearbeitete Rahmen der Schrankteile ist die Besonderheit dieses Möbelprogramms, das es in verschiedenen Hölzern und Maßen gibt, und das schon seit den sechziger Jahren lieferbar ist.

19 Bücher-Einzelmöbel, im Trend aktueller Architektur in auffälliger Farbgebung.

48 Das Einzelmöbel

20 Ein Schrank, der um die Ecke geht, ermöglicht nicht nur originelle Lösungen, er bietet auch viel Platz.

21 Drei Einzelmöbel sind zu einer eleganten Wand angeordnet. Die Türen versenken sich seitlich im Schrankelement. ▽

Das Einzelmöbel 49

22   Der Reiz des Schrankes liegt in seiner strengen Symmetrie, im Rhythmus zwischen offen und geschlossen, zwischen prismisch vorspringenden Türen und tiefer liegenden Regalen, im Zusammenspiel von Edelstahl, hochglanzlakkiertem Holz und Glas.

Kleine Wandborde

23 Ein kleines Hängeregal aus zierlichen Messingstangen und Nußbaumbrettern, mit zwei Dübeln in der Wand befestigt.
24 Die aus Schichtholz gebogenen Stützen werden einzeln in der Wand verdübelt und mit den Brettern verschraubt.
25 Drahtbügel halten die einzelnen Regalböden und dienen gleichzeitig als Bücherstützen.
26 Detail zu Abbildung 24.

Kleine Wandborde

Im Möbelhandel werden sie meist als Mitnahmemöbel angeboten: kleine Wandborde, die einzeln auf einem Befestigungswinkel oder zu mehreren kombiniert an Leitern an der Wand befestigt werden. Als Beginn einer Büchersammlung oder an der richtigen Stelle in der Wohnung als Handbibliothek tun sie ihre Dienste. Zu mehreren können sie auch zum wandgestaltenden Element werden, sie werden Blickfang, wenn man sie beispielsweise schräg aufhängt; natürlich widerspricht dies einer praktischen Bücheraufbewahrung, da »Regale« dieser Art es nicht zulassen, viele Bücher aufzunehmen, andererseits betonen sie durch ihre auffallende Anbringung, welche Bedeutung ihr Besitzer dem Buch gibt. Kleinmöbel werden auch gern selbst gebaut. Und da macht es besonderes Vergnügen, Lösungen auszuprobieren, die es eben nicht vorgefertigt gibt. Individuell lassen sie sich der bevorzugten Wohnform anpassen, sei es nun im alten Bauernhaus oder in einer Großstadtwohnung, in der man der Moderne huldigt.

Bei diesen kleinen Borden bedarf es besonders der Buchstützen, und auch dafür kann man sich allerlei Lösungen ausdenken; fest zum System gehörende Wangen, unbehandelte Holzstecken oder verstellbare Drahtbügel bieten sich hier an.

Kleine Wandborde 51

27/28 In einem Bauernhaus hat sich der Besitzer archaische Regalobjekte aus Brettern, Rundhölzern, Stöcken und Ketten gebaut. So individuell wie sie ausschauen, haben sie auch ganz praktische Vorteile: Beim kleinen Regal (Abb. 27) kann jedes Buch einzeln herausgenommen werden, ohne daß andere umfallen.

29

30

29 Schräg aufgehängte Regalwinkel werden zur beachtenswerten Ablage für Zeitschriften oder ein paar Bücher, eine wirkungsvolle, weniger eine praktische Lösung.

30 Zwischen Sitz- und Arbeitsplatz sind zwei Wandborde in einer anheimelnden Ecke angeordnet. Bei dem bereits klassischen Entwurf von Dieter Rams sind die eingehängten Seitenteile gleichzeitig Buchstützen.

31 Mittels Stiften, die in die Wand gedübelt werden, können Regalböden unsichtbar befestigt werden. Drahtbügel als Buchstützen können in verschiedene Löcher gesteckt werden (vgl. Abb. 32).

32 Einmal pyramidenförmig, einmal gleichmäßig übereinander gliedern je fünf starke (ca. 7 cm) Regalböden die Wandflächen zu beiden Seiten eines Türdurchganges.

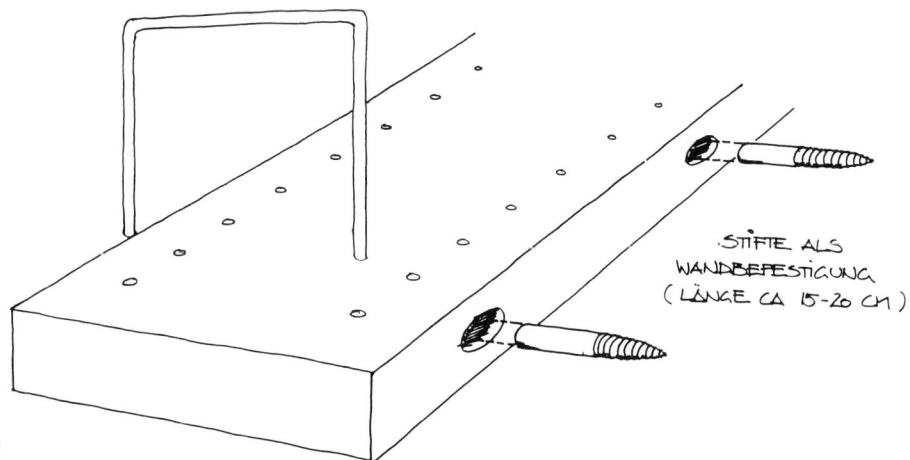

Das hohe Einzelregal

Das einzelne hohe Regal kommt einem Denkmal gleich, bisweilen steht es frei im Raum, schräg in einer Ecke, symmetrisch zu einem Paar angeordnet, geschickt nutzt es eine schmale Wand neben dem Fenster, es verzieht sich in eine bislang ungenutzte Türnische – auf jeden Fall setzt es einen Akzent im Raum, der durch die farbigen Bücherrücken noch unterstrichen wird. Mag es zunächst ausreichen, um die gesamten Bücher aufzunehmen, so wird es im Laufe der Zeit zum Vorzeigestück der liebsten Stücke oder zum Regal, das nahe beim Leseplatz die wichtigste Ergänzungsliteratur oder Nachschlagewerke verwahrt. Die meist schmalen hohen Regale sind Bücherschränken vergleichbar, mehr als alle anderen Regale tragen sie den eigenwilligen Charakter eines ausschließlichen Möbels für Bücher. Bei einem Umzug oder beim Umstellen in der Wohnung sind sie leicht zu transportieren und schnell wieder einsatzbereit.

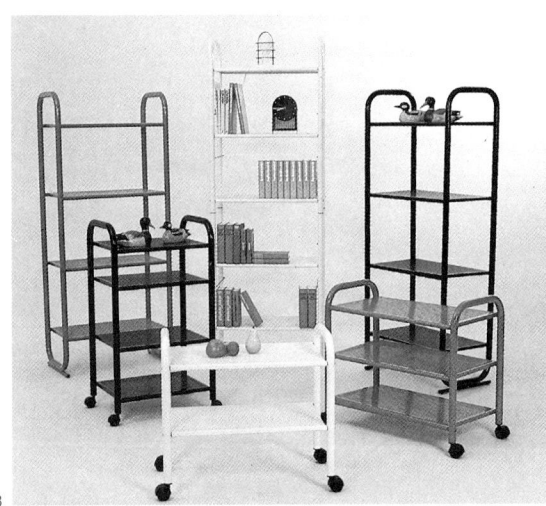

33

34

35

Das hohe Einzelregal 55

36   Ein einzelnes Aluminiumregal – schräg in die Ecke gesetzt – konkurriert mit Palme, Stuhl, Tisch und den »Herzen« von Jim Dine.

◁ 33/34   In verschiedenen Höhen, auf Rollen oder Kufen und in vielen Farben sind diese Einzelregale erhältlich.

◁ 35   Flache Fernsehbeistellwagen lassen sich aus diesem System ebenso bauen wie fünfstöckige Büchertürme, wobei die einzelnen Elemente in sieben Farben kombinierbar sind.

56 Das hohe Einzelregal

◁ 37 Eine schmale Wand neben dem Fenster kann gut zur Unterbringung von Büchern genutzt werden. Bei Tage hat man hier auf dem verstellbaren Ledersessel »Genni« von Gabriele Mucchi genügend Licht, am Abend muß mit Halogen nachgeholfen werden.

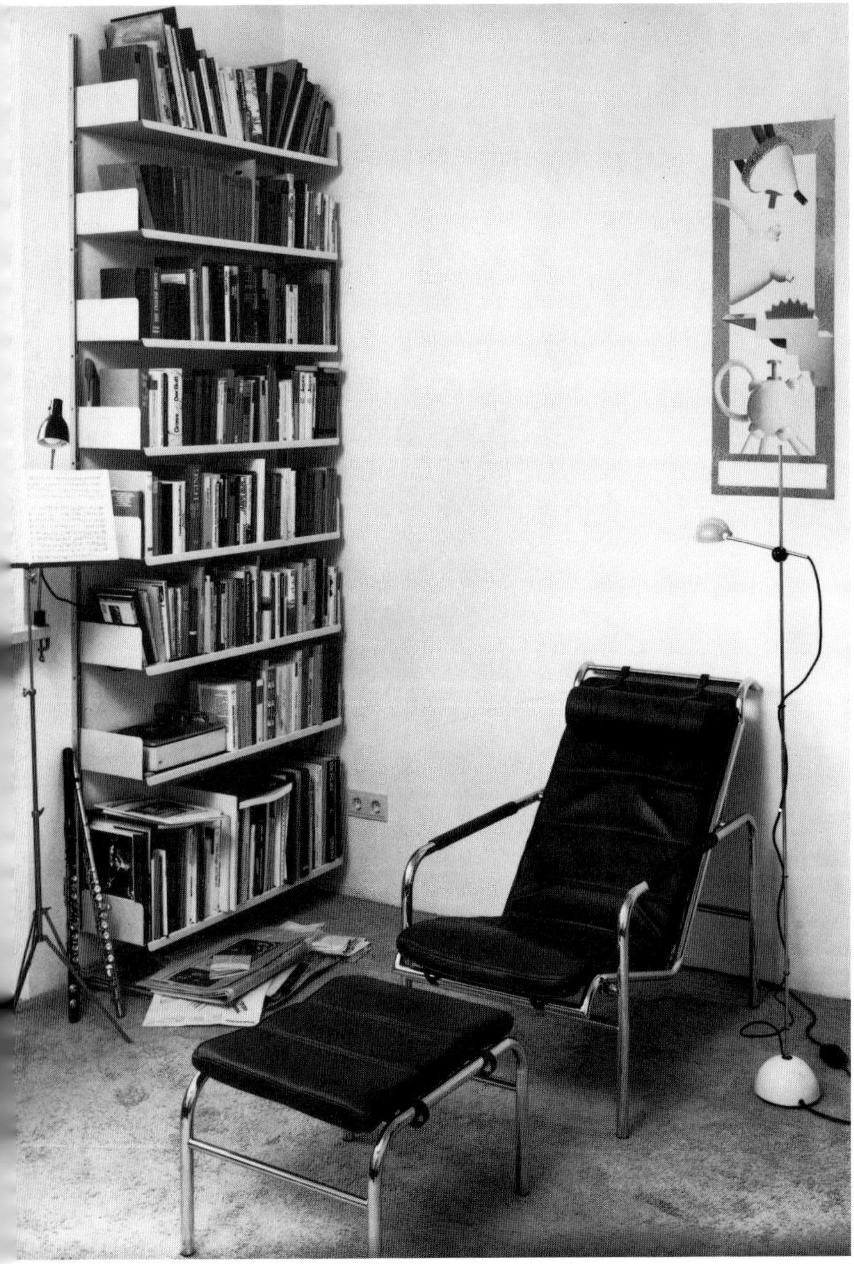

38/39 Dieses Rundregal bietet dank der gebogenen Holme Platz für verschieden tiefe Glasböden, so daß Taschenbücher wie auch Atlanten gestellt werden könnten; doch ist es in diesem Fall wohl eher die Form, die besticht, als die Funktion.

58 Das hohe Einzelregal

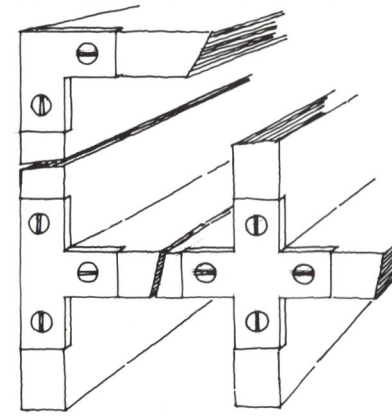

Das hohe Einzelregal 59

42/43 Eine überflüssige Türnische kann durch den Einbau von Brettern und einem schmückenden Rahmen zum hohen Bücherregal werden. Der leichte Eschenholz-Stuhl »Superleggera« von Gio Ponti bietet sich als Sitz zum kurzen Nachschlagen in den bibliophilen Kostbarkeiten an.

◁ 40 Skizze der in Abbildung 41 zum Regalbau verwendeten Beschläge, die es für verschieden starke Bretter in mehreren Größen gibt.

◁ 41 Zwei leicht mit Beschlägen und fertig zugeschnittenen Brettern selbst gebaute Regale flankieren den Spiegel in dieser salonhaften Diele.

Niedrige und halbhohe Regale

Man entscheidet sich wohl eher aus formalen Gründen für die Gestaltung mit niedrigen Regalen denn aus praktischen Erwägungen heraus. Man muß sich bücken, um an seine Bücher heranzukommen, vor allem wenn es gilt, die Bücherrücken genauer lesen zu können, um einen bestimmten Titel zu finden. Die Wirkung im Raum ist allerdings besonders reizvoll, da große Wandflächen freibleiben, die bewußt kahl gehalten werden oder durch Bilder ihre Akzente erhalten. Außerdem kann man auf den flachen Regalen noch allerlei liebgewonnenen Krimskrams unterbringen. Setzt man sich auf einen Sessel oder das Sofa, so hat man seine Bücher in Augenhöhe. Für Leser, die gern auf dem Teppich bleiben, befinden sich bei diesen – zuweilen um den ganzen Raum umlaufenden – Regalen die Bücher in praktischer Reichweite.
Bei halbhohen Regalen (Höhe ca. 120–130 cm) kann man bequem auf dem oberen Bord in seinen Bildbänden blättern, und es bleibt noch genügend Raum für Bilder an der Wand oder Pflanzen auf dem Möbel. Zumal wenn mit geschlossenen Schrankteilen kombiniert wird, empfiehlt sich diese Lösung für kleinere Räume, in denen eine wandfüllende Schrank-Regal-Kombination zu erdrückend wirken würde. Durch Anbau von flachen und halbhohen Teilen lassen sich rahmenartige Umbauten für Bilder, Leuchten oder Spiegel schaffen, und so kann man bei Zuwachs der Büchersammlung aus einer langgestreckten flachen Regalreihe in die Höhe ausweichen.
Bei der Erweiterung des Regals, sei es nach oben oder an der Seite, lassen sich verschieden tiefe Regale mischen, um so den Formaten der unterschiedlichen Buchtypen gerecht zu werden, ohne daß unnötiger Raum verschwendet wird.

44 Unter den Gewölben einer Altbauwohnung (17. Jh.) ist eine niedrige Regalreihe für Bücher eingepaßt worden. Die weiße Wand bleibt frei für Bilder und das Spiel der Bögen (siehe auch Abb. 45). ▽

Niedrige Regale 61

45 Ein kleiner Arbeitsplatz, ein alter Korbstuhl und eine Palme schaffen eine von modischen Strömungen unabhängige Möblierung.

62 Niedrige Regale

46 Regale auf Sockeln mit verschiedenen Tiefen für unterschiedliche Buchformate bewirken eine Rhythmisierung langer Bücherreihen.

47 Verschieden tiefe und hohe Fächer kennzeichnen diese kleine Bücherei, die der Besitzer selbst entworfen hat. Viele freie Flächen lassen die einzelnen Möbel im Raum wirken, gelesen wird meist im Schaukelstuhl, ein Entwurf von André Vandenbeuck.

Niedrige Regale 63

48 Das einzelne bis zur Decke reichende Regal wirkt raumgliedernd, die niedrigen Regalreihen lassen Platz für Plastiken und Bilder alter Meister sowie Ernst Wilhelm Nays Komposition.

64 Niedrige Regale

Niedrige Regale 65

◁ 49 Das leicht mit einem Schlüssel montierbare Regal aus verchromtem Vierkantstahlrohr mit Tablaren aus Kristallglas bildet den transparenten Hintergrund für den »Lounge Chair« von Charles Eames. In nur wenigen Sesseln läßt es sich so bequem lesen.

◁ 50 Highboards – das sind Regalmöbel, die nicht niedrig und nicht hoch sind, in diesem Fall 128 Zentimeter – können Raumproportionen günstig beeinflussen, über ihnen ist noch Platz für Grafiken. An Highboards kann man im Stehen gut in Bildbänden blättern.

51 Beiger Lack ziert die Oberflächen dieses Highboards, das die Bücher hinter offenen und verglasten Fächern bereithält. Die Liegen »F 10« von Antii Nurmesniemi laden zum Lesen und Reden ein und erwecken nebenbei Strandkorb-Liegestuhl-Erinnerungen.

52 Drei weiß lackierte Vitrinen mit verglasten Sprossentüren auf einem kleinen Sockel verwahren die Bücher in der Nähe der Sitzgruppe. Besondere Wirkung liegt im gleichen Format aller Regale und der breiten Türleisten.

53 Aus dem gleichen Möbelprogramm wie in Abbildung 52 wurde hier mit offenen und geschlossenen Schrankteilen eine Anbaugruppe geschaffen. ▷

54 Im unteren Wohnbereich sind in einem Highboard die Hifi-Anlage und einige Bücher beim Lese- bzw. Hörsessel untergebracht; auf der Empore der Arbeitsplatz mit Schreibklappe und weiteren Fächern für Bücher sowie eine kleine Hutsammlung. ▷

Hohe Regalreihen mit offenen und geschlossenen Teilen

Wenn eine Anzahl Bücher zusammengekommen ist – und wie bei jeder Sammlung mag man immer noch mehr haben und hat dennoch nie genug –, reichen niedrige Regale nicht mehr aus. Man muß in die Höhe bauen. Eine Vielzahl von Systemen ist im Möbelangebot zu finden, die hier Abhilfe schaffen. Variabilität und Erweiterungsmöglichkeiten sind die wichtigsten Forderungen und oft auch Preiswürdigkeit, denn ein Bücherfreund investiert lieber in neue Bände seiner literarischen Vorlieben als in ein aufwendiges Regalmodell – zumindest ist dies oft der Fall. So zeigen die Beispiele einfache Haushaltsregale, Industriestellagen, Bretter auf Steinen gestapelt, schlichte Holzregale, robuste Regalträger in Schienen mit Böden, denen Farbe ihren nüchternen Bürocharakter vertreibt, aber auch Systeme, deren Vorteil in großer Tragfähigkeit mit gleichzeitig breiten Böden liegt und die wegen ihrer gediegenen Verarbeitung auch ihren Preis haben.

Mannshohe Regale, die sich vor der Wand mit Büchern gefüllt präsentieren, beherrschen die übrige Einrichtung eines Raumes, Bücher sind es, die mit ihren farbigen Rücken – auch wenn nur ein Teil der Wand von ihnen ausgefüllt ist – den Charakter des Wohnraumes bestimmen.

Werden die Bücherborde in gleicher Höhe verlaufend in den einzelnen Regalsegmenten eingehängt, so werden sie zum graphisch gestaltenden Element der Regalwand, besonders markant wird dies bei quadratischen Fächern (Abb. 75). Doch wird bei dieser Anordnung viel Raum verschenkt, denn die meisten Büchersammler haben doch die unterschiedlichsten Buchformate beisammen; die Fachgröße muß sich aber nach den Büchern mit der größten Höhe richten. Wer Platz genug hat, mag so die Wirkung schön gebundener Bücher mit der des Regalsystems konkurrieren lassen, das sich auch pyramidenartig aufbauen läßt.

Regale mit offenen und geschlossenen Fächern zeigen es jedem sofort, hier hat das Buch mit anderen Vorlieben der Bewohner zu konkurrieren. Die Stereoanlage, der Fernseher oder Fotosammlungen, Geschirr, Schallplatten und viele andere Gegenstände werden gemeinsam in einem Möbel untergebracht. Offene Fächer wechseln mit geschlossenen Schrankteilen ab. Diese präsentieren hinter Glastüren ihren Inhalt oder verbergen ihn hinter Edelholz-, Kunststoff-, Lack- oder Metalltüren. Anbauprogramme in verschiedensten Ausführungen erlauben, die Regalwand zu erweitern, oder einzelne freistehende Schrank- und Regalteile können vor einer Wand kombiniert werden.

Lösungen, bei denen keine Rückwand erforderlich ist, lockern die Schwere einer solchen Regal-Schrank-Wand auf.

57 Unter dem Bücherregal, das aus weißen Schienen, Winkeln und rot lackierten Böden besteht, verbirgt sich eine raumsparende Unterbringungsmöglichkeit für allerlei Dinge:

Eine Truhe wurde über die ganze Zimmerbreite eingebaut, vorne mit Teppichboden bezogen. An die Vorderseite der passend zur Wandfarbe gestrichenen Klappen wurde ein Halbrundstab geleimt und ebenfalls lackiert. Ein 15 Zentimeter breiter Rand läuft hinten entlang, an den die Klappen mit Klavierband angeschlagen sind. So kann manches dennoch stehenbleiben, wenn man die Truhe öffnet – z.B. wäre die Tiefe für Taschenbücher ausreichend.

◁ 55 Offene und geschlossene Teile in einem Regal, das zwischen Wand und Decke gespannt wird, wodurch nur jeweils eine Stütze an der Seite nötig ist.

◁ 56 Abgerundete oder ganz runde Böden ermöglichen bei dem zwischen Wand und Decke gespannten Regal außergewöhnliche Stellagen für Bücher. Aus runden Platten können Tische werden, und auch die Beleuchtung kann gleich mit eingebaut werden.

70 Hohe Regalreihen

58/59 Dieser Raum wird von den Bücherwänden (zur Befestigung siehe Fig. 27) zu beiden Seiten des Fensters bestimmt. Die linke Wand nimmt zusätzlich den Fernsehempfänger, die Stereoanlage und Schallplatten auf, während an der rechten neben einem Bord für Tageszeitungen auch noch geschlossene Fächer eingehängt sind. Beim Leseplatz ein kleines Bücherkarussell.

60 Mit kurzen Einzelleitern wurde die Regalwand seit Mitte der fünfziger Jahre kontinuierlich erweitert. Das Ledersofa dient gleichzeitig zum Lesen und Fernsehen.

72 Hohe Regalreihen

61 Eleganz und Tragfähigkeit von Flugzeugflügeln haben den Designer zu der Entwicklung dieses Regalsystems inspiriert. Die Aluminium-Konstruktion der Böden mit zellenförmiger Füllung erlaubt Spannweiten bis zu 150 Zentimeter und Tiefen bis zu 50 Zentimeter ohne Verformung (75 Kilogramm verteilte Last je Bord). Zu diesem zeitgenössischen Entwurf paßt der Sessel »LC 1«, den Le Corbusier, Charlotte Perriand und Pierre Jeanneret aus verchromtem Stahlrohr und Leder entworfen haben.

Hohe Regalreihen 73

62/63 Mit dem gleichen System wie in Abbildung 61 wurde diese Privatwohnung eingerichtet. Dank der großen Spannweiten der Böden sind nur wenige vertikale Tragschienen erforderlich. Mit zu dem Programm gehören einzuhängende Buchstützen (Abb. 62).

74 Hohe Regalreihen

64   Am besten eignet sich das an den Seiten beliebig erweiterbare Regalsystem für eine Wohnwand, in der nicht nur Bücher, sondern auch Schallplatten und Musik-Geräte untergebracht werden müssen, denn mit 40 Zentimeter tiefen Böden ist es für die häufigsten Buchformate verschwenderisch großzügig bemessen.

65   Aus verchromtem Stahlrohr in vielen verschiedenen Längen und kugelförmigen Verbindungsstücken lassen sich mit Tablaren aus Glas, lackiertem und beschichteten Holz und anderen Einzelanfertigungen den jeweiligen Erfordernissen angepaßte Regalwände bauen. Man kann verschiedene Tiefen, feste wie rollbare Elemente und geschlossene Fächer mit Schubladen und anderen Einteilungen kombinieren. Zu dieser transparent wirkenden Stellage paßt der leichte Sessel aus verchromtem Flachstahl von Poul Kjaerholm.   ▷

76 Hohe Regalreihen

66/67 In die ehemaligen Stallungen eines Schlosses wurde ein großzügiger Wohnraum eingebaut. Die High-Tech-Regale aus verchromtem Stahl stehen zusammengesteckt fest (ohne Diagonalverstrebungen) durch obere Anschlußelemente und waagerechte Roste (Abb. 66). Die Regale können daher auch freistehend im Raum postiert werden. So wurde der Leseplatz rechts im Vordergrund – die Liege »LC 4« von Le Corbusier, Charlotte Perriand und Pierre Jeanneret ist stufenlos verstellbar – vom übrigen Raum abgeteilt (vgl. Abb. 198).

Hohe Regalreihen 77

Hohe Regalreihen

68/69 Ähnlich wie in den Abbildungen 66, 67 ein Beispiel für ein funktionelles Regalsystem aus der Vorratshaltung, kombiniert mit klassischen Sitzmöbel-Modellen, die heute wieder neu produziert werden.
Die Regalböden werden in beliebigen Abständen in den senkrechten Stangen verschraubt (Abb. 68), die es in verschiedenen Längen gibt. Links der »Hardoy-Sessel-198« von Jorge Ferrari Hardoy, Antonio Bonet und Juan Kurchan und rechts »LC 2« von Le Corbusier, Charlotte Perriand, Pierre Jeanneret, in weißem Leder.

70 Ein Haushaltsregal nutzt den Raum unter der Empore in einer Split-Level-Wohnung. Vorne der Sessel »Nr. 7« von Thonet, hinten der Stuhl »Superleggera« von Gio Ponti. Im Spiegel wird das Ende der Stellage sichtbar, davor der Sessel »421« aus geformtem weißen Drahtgeflecht von Harry Bertoia.

Hohe Regalreihen 81

71 Möbel des 19. Jahrhunderts wurden mit einem schlichten Tannenregal kombiniert, wobei die Eckfüllung geschickt ohne doppelte Wangen ausgeführt wurde.

72/73 Aus Steinen in verschiedenen Größen und Mahagoni-Brettern wurde diese Bücherwand aufgebaut. Da die Bretter massiv und 32 Millimeter stark sind, können recht große Breiten für schwere Belastung vorgesehen werden. Die Halogenleuchte neben dem Ledersessel ist ein Entwurf von Richard Sapper.

Hohe Regalreihen 83

74 Vom offenen Bücherregal, über einen tiefen Fernsehcontainer und verglaste Vitrinen bis zu einem Schreibplatz mit zwei Ablagefächern darüber, ist hier alles aus einem Möbelprogramm. Das Plakat von David Hockney wird von Regalen flankiert, die Wände wurden bis zur Vorderkante der Regale bündig vorgezogen, so daß der Eindruck des individuell gefertigten Möbeleinbaus entsteht. Auf dem raumgliedernden Fernsehschrank hat eine kleine Ventilatorensammlung Platz gefunden.

84 Hohe Regalreihen

75 Aus Winkel-, T- und kreuzförmigen Verbindungsstücken und Wänden oder Böden, die es in verschiedenen Größen gibt, lassen sich – auch frei im Raum stehende – Regale bauen. Bei dieser Bücherwand, die außerdem eine Sammlung alter Radioempfänger aufnimmt, sind alle Fächer – gitterartig – gleich groß gewählt.

76 Stufenförmig wurden hier bis zur Decke Regalwürfel eines universell kombinierbaren Möbelprogramms angeordnet. Aus diesem System lassen sich dank vieler lieferbarer Einbauten auch Küchen, Bäder, Dachwohnungen, Praxen und Büros einrichten. ▷

77 Mit 28 Zentimetern Tiefe ist dieses Holzregalsystem richtig für eine größere Büchersammlung, in der kaum ausgefallene Buchformate vorkommen. Jedes Regal kann einzeln für sich stehen. ▷

◁ 78 Offene Regalteile oder durch Jalousien geschlossene Elemente, Bareinbauten oder Sekretäre lassen sich mit diesen – auch als Einzelstück – reizvollen Möbeln kombinieren. Zu dem eigenwilligen Programm wurde der »Wassily«-Sessel in weißem Leder von Marcel Breuer gestellt und der »Spaghetti«-Stuhl von Giandomenico Belotti.

◁ 79 Vertikal verlaufende Lisenen, die mit der Korpusfarbe kontrastieren, und die unerschöpfliche Kombinationsvielfalt der Schrankteile kennzeichnen dieses Möbelprogramm, das mit einer Raumteilerrückwand auch frei im Zimmer aufgebaut werden kann. So wird aus dem rechten Schrank bei aufgeklappter Platte ein Sekretär.

80 Schrankwand, aus Einzelteilen bestehend; die weniger tiefen sind offen. Die vielen Kombinationsmöglichkeiten dieses Systems zeigt die Gestaltung des Arbeitsplatzes. Weißer Lack und schwarze Griffe und Beschläge schaffen deutliche Kontraste.

Hohe Regalreihen 89

◁ 81 In einem repräsentativen Kaminzimmer wurde eine Regalwand aus Eiche mit aufgesetzten Massiv-Holz-Umleimern und gedrehten Knöpfen aufgebaut. Die Fachaufteilung wurde nicht streng symmetrisch gewählt, praktisch sind die vielen Schubkästen.

◁ 82 Ein eigenwilliger Raum wurde mit dieser Mahagoni-Bücherwand, in der auch der Whiskey nicht fehlt, dem englischen Ledersofa, einem imposanten Billardtisch und ein paar Palmen geschaffen; Herrenzimmer nannte man früher solch einen Raum.

83 Nach dem Entwurf der Besitzer wurde diese Wohnwand von einem Schreiner angefertigt, wobei die rot lackierten Türen – mit einfachen Grifflöchern – mit den massiven Buchenwangen kontrastieren. Davor der »Lounge-Chair« von Charles Eames und zwei Sofas »Maralunga« von Vico Magistretti.

Wandfüllende Einbauten

Ob von einem Innenarchitekten entworfen, vom Schreiner gefertigt, vom Einrichtungshaus geplant oder selbstgebaut, wandfüllende Einbauten nutzen den vorhandenen Raum einer Wand am besten. Für die oberen Fächer braucht man allerdings eine kleine Treppe oder Leiter, um hinlangen zu können. Am besten werden dort Dinge verstaut, die man nur selten benötigt. Diese Fächer können auch als Reserve eingeplant werden, wenn die Büchersammlung im Laufe der Zeit anwächst.

Wie auch beim niedrigen Regal lassen sich verschieden tiefe Teile kombinieren, sowohl nebeneinander als auch übereinander, um für die verschieden großen Bücher oder andere liebgewordene Stücke geeignete Stellflächen zu finden. Räume, in denen Bücherwände mit Bilderwänden zusammentreffen, erinnern an Kunstkammern der Vergangenheit – wobei der Einrichtungsstil nicht unbedingt historisierend zu sein braucht. Wichtig ist, daß Wohnwände dieser Art Akzente durch gerichtetes Licht erhalten, damit sie am Abend nicht im Dunkeln »absacken« und auf Grund ihrer Ausmaße Unbehagen erwecken. Die Möbelindustrie liefert viele Möglichkeiten, um mit Blenden und variablen Abschlußteilen das standardisierte Regalmaß den räumlichen Gegebenheiten anzupassen und damit den Eindruck eines individuellen Einbaus zu vermitteln. Geschlossene Schrankelemente sind mit Schubladen, ausklappbarem Tisch oder Bett, Sekretär-, Bar- und Schallplattenfächern erhältlich. Glasböden nehmen erlesene Sammlungen auf, auf drehbaren Tablaren bleibt der Fernsehapparat voll im Blickfeld. Wandhohe Schiebetüren verdecken den Regalinhalt, und werden sie und die Wände des Raumes mit dem gleichen Stoff bespannt, so kann man mit Büchern im Verborgenen leben.

84 Eine tiefe Raumnische kann für den »unsichtbaren« Einbau von auf Rollen laufenden »Apotheker«-Schränken genutzt werden. Vor allem Fachzeitschriften, Kataloge, Programmhefte, Noten usw. können so in großer Stückzahl übersichtlich verwahrt werden.

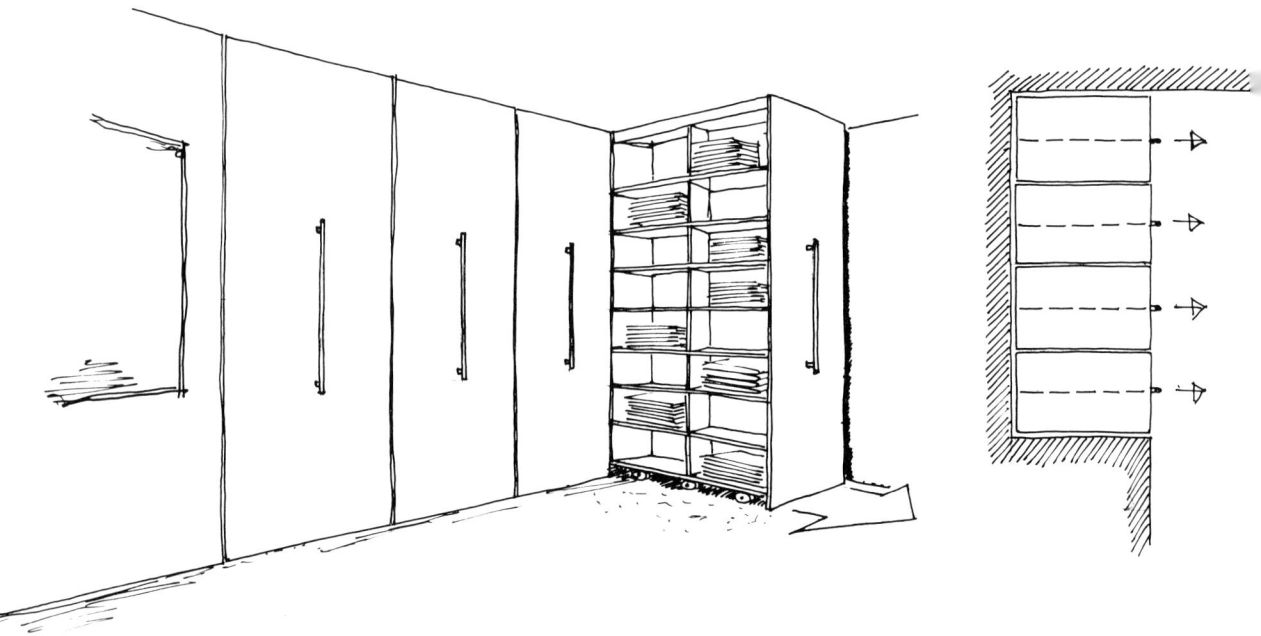

Wandfüllende Einbauten 91

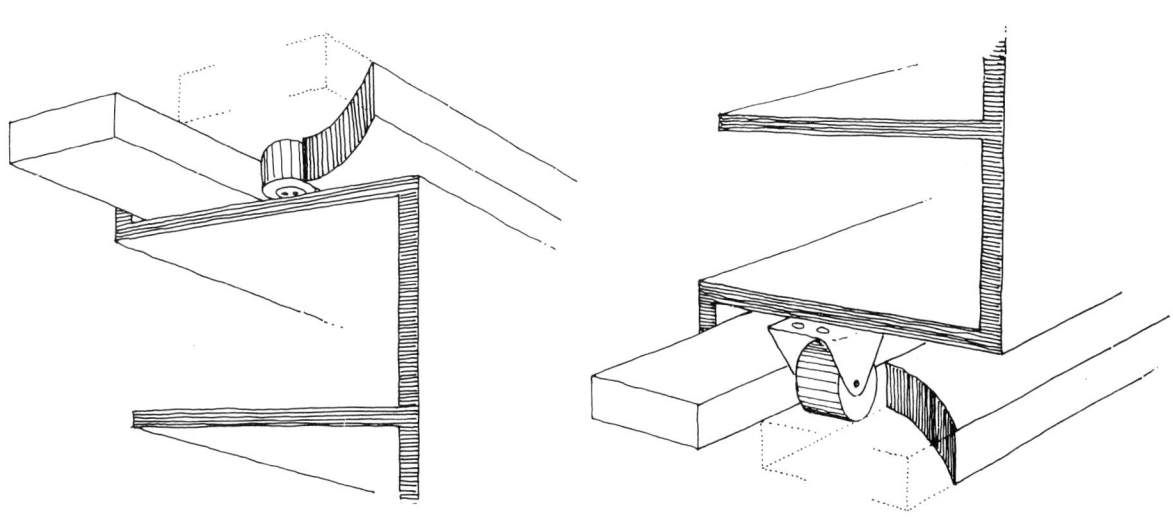

85 Die Rollen am oberen Ende des Regals (vgl. Abb. 87) laufen wie in einer Schiene zwischen zwei Brettern, um das verschiebbare Regalteil zu führen.

86 Die unteren Rollen laufen ebenfalls zwischen zwei Holzschienen.

87 Bei wenig Stellfläche und zunehmendem Bücherbestand kann man sich durch verschiebbare Doppelregale helfen, die wegen des großen Gewichts von Bedrucktem eine stabile Ausführung verlangen.

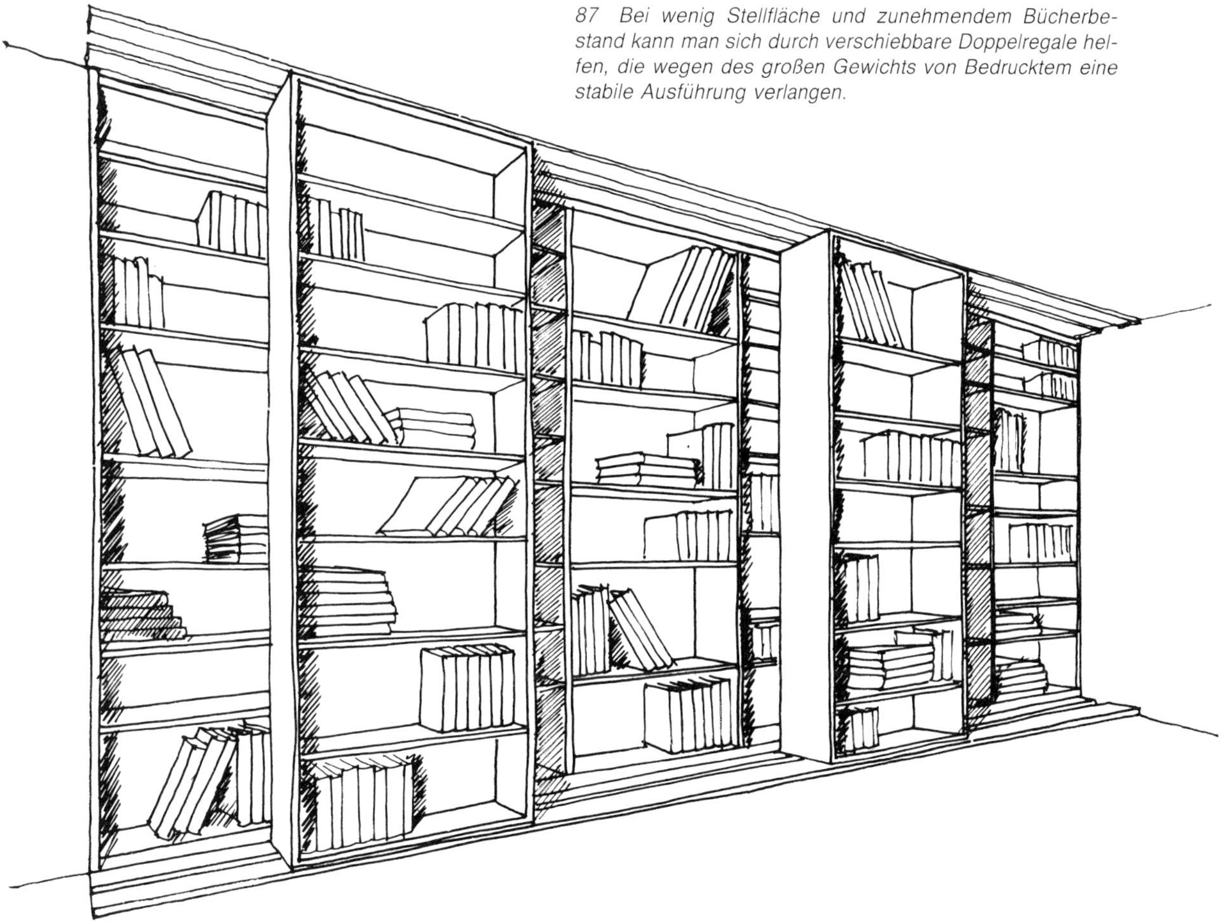

88 In Räumen, die der Architekt etwas höher als üblich ausgeführt hat, kann man mit Regalen und tieferen Podesten ebenso praktische wie reizvolle Bücherwände bauen. Das Sockelteil muß dabei genügend Lauffläche bieten, möglicherweise ist auch ein Geländer vorzusehen.

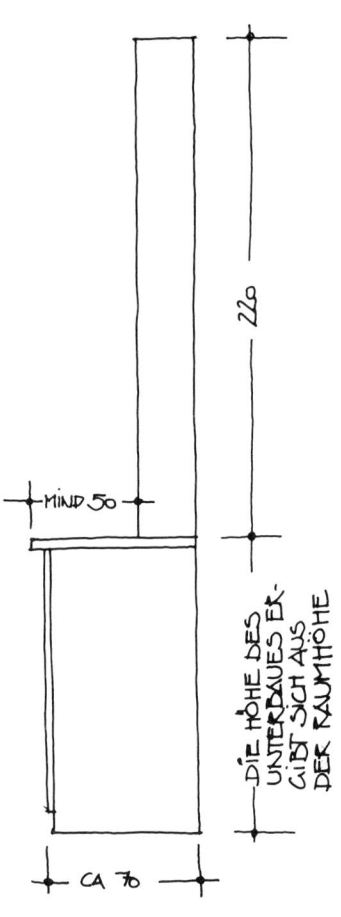

89 Seitenansicht des Regalbaus von Abbildung 88.

Wandfüllende Einbauten 93

90 Mit ein paar Riefen hat der Schreiner diese Bücherwand aus massiver Buche geschmückt. Eine eigens für Schallplatten und Kunstbücher vorgesehene Fachreihe wird deren größeren Maßen gerecht.

91–93 In der ehemaligen Milchkammer eines Gutes hat sich der Besitzer eine kleine Bibliothek einbauen lassen, die den ursprünglichen Raumformen folgt. Aus Holz und Gipsstukkaturen (Abb. 93) sind die Abschlußblenden an den Bögen geformt. Antiquitäten aus Familienbesitz vervollständigen den anheimelnden Raum.

94 Die alte Holzdecke wurde in diesem Haus neu eingebaut. Das Bücherregal aus gebeizter Fichte ordnet sich den bibliophilen Prachtstücken unter, die gemeinsam mit der Laterne den Charakter einer faustischen Studierstube erwecken.

96 Wandfüllende Einbauten

95 Weiß lackiertes Holz war das Grundmaterial für die vom Kölner Innenarchitekt Udo Wildenhaus entworfene Bücherwand, die auch die Heizkörper mit einbezieht. Dadurch entsteht eine einheitliche, hinten rechts mit einem Spiegel verkleidete Wand. Die Sitzgruppe am Kamin dient dem Empfang von Gästen, in die hintere Nische in der Dachgaube kann man sich zum Lesen in die Sessel »P 60« von Vittorio Introini zurückziehen.

96

97

◁ 97 Ende der sechziger Jahre wurde diese Wohnwand entworfen, mit für die Zeit typischen »rhythmisch-verteilten« offenen und geschlossenen Fächern mit lackierten und hölzernen Oberflächen.

96/98 Der Kölner Innenarchitekt Adrian Esten hat sich in seiner Wohnung Regale aus Esche und Spanplatte bauen lassen; die Spanplatten wurden mit Packpapier tapeziert und anschließend gestrichen. Die Regale staffeln sich mit verschiedener Fachtiefe bis zum Kamin. Blenden an der Decke schließen nach oben hin ab und unterstreichen den stufenförmigen Einbau durch kontrastierende Farbe. Der Durchblick zwischen Bilder- und Bücherwand (Abb. 96) zeigt die Regaleinbauten im Flur (vgl. auch Abb. 204).

100 Wandfüllende Einbauten

99/100 Aus Einzelelementen, die mit Abstandleisten vor die Wand gehängt wurden, ist eine leicht wirkende Bücherwand mit unterschiedlich hohen, aber immer gleich breiten Fächern gestaltet worden.

101 Ein sachliches Arbeitszimmer mit einem Bücherregal aus Nußbaum. Die geschlossenen Schrankteile sind tiefer und nehmen die Stereoanlage auf. ▷ ▷

102 Ein Industrieregal aus Holz wurde weiß gestrichen. Bücher und Bilder bestimmen den Arbeitsraum, in dem die Lautsprecherboxen gleichsam zu Objekten eines Bildhauers geworden sind. ▷ ▷

101

02

102 Wandfüllende Einbauten

104 Fest eingebaut sind diese Bücherregale aus mit weißem Putz verkleidetem Mauerwerk. Vorteile sind sicherlich das unmittelbare Verwachsen von Architektur und Innenarchitektur und der geringe Anschaffungspreis; allerdings hat man sich auf lange Zeit mit dieser Einrichtung unveränderbar festgelegt.

103/105 Aus Kiefer und Fichte, dunkelbraun gebeizt und matt lackiert, ist dieses Regal wandfüllend eingebaut worden. Die Böden liegen entweder auf Quersprossen oder werden durch Metallstifte gehalten (Abb. 103). Im Vordergrund zwei verstellbare Sessel mit kunterbunten Bezügen »Wink« von Toshijuki Kita (vgl. hierzu auch das Einbandfoto).

Wandfüllende Einbauten

106/107 Die Schrankwand im Endlosbauprinzip ist seit Jahrzehnten lieferbar und mit vielfältigen Einbauelementen – hier mit ausklappbarem Arbeitsplatz – immer noch erweiterbar.

108 Den Mittelpunkt des Raumes bestimmt die gemütliche Récamiere; flankiert wird sie vom Glastisch »E 1027« von Eileen Gray und einem englischen Panbroke-Tisch. Dort kann man sich an Büchern, die nicht gleich in die von Dekkenleuchten angestrahlte Bücherwand sortiert werden, erfreuen. Die beiden äußeren Regalsegmente sind weniger tiefen Formaten angemessen. ▷

Wandfüllende Einbauten 105

109/110 Eine Bücherwand mit einer Fülle von Einbaumöglichkeiten. Durch sechs Standardhöhen und eine Breitenstaffelung von je 15 Zentimetern läßt sie sich fast wandfüllend ohne Zusatzblenden einbauen. In kleineren Räumen sind aus Platzgründen variable Elemente wie der Klapptisch – davor zwei leichte Stühle »Plia« von Giancarlo Piretti – besonders willkommen.

Wandfüllende Einbauten 107

111   Fast drei Meter ist die vorwiegend mit Büchern gefüllte Wand hoch. Mit unterschiedlichen Fachtiefen präsentiert sich das seit 30 Jahren lieferbare System in diesem großzügig bemessenen Wohnraum, in dem an Stelle der obligatorischen Sofas drei »Lounge-Chairs« von Charles Eames zur Sitzgruppe geworden sind. ▽

113 Wohnliche Holzfarbtöne und zeitloses Weiß wechseln in allen Möbeln dieses Wohn-Eßraumes. Die vorspringenden Leisten des Regalsystems betonen die Senkrechte. Glastüren, Schubladen und Schallplattenfächer bieten Variationsmöglichkeiten. ▷

112 Wandfüllend und in einem niedrigen Streifen an der Wand entlang verläuft die nur aus offenen Fächern gegliederte Wohnwand. Der Couchtisch gehört zum gleichen Programm.

114 Alle Kanten sind abgerundet; breite, schwenkbare Türen machen ganze Bereiche mit einem – muschelförmigen – Griff zugänglich. Offene und geschlossene Teile kann man in verschiedenen Tiefen bis zur Decke bauen. ▷

Wandfüllende Einbauten

116 Zum Teil verglast, zum Teil offen sind die Fächer dieser Bücherecke. Eine Lichtschiene ermöglicht Akzente auf dem raumhohen Einbau. ▷

115 Die offenen Regalteile und die Schubladenkommoden sind weniger tief als die verglasten Büchervitrinen. Die ganze Wandbreite des Raumes wird von diesem Wechselspiel, das durch die senkrechten Profile der Seitenteile noch betont wird, bestimmt.

117 Maßgenau in Breite, Höhe und Tiefe wurde hier mit einem auf Eleganz bedachten Serienmöbel eingerichtet, dessen Vielseitigkeit schwer zu überbieten ist; so gibt es außer allen möglichen Funktionselementen auch Kassettendecken. ▷

111

112 Wandfüllende Einbauten

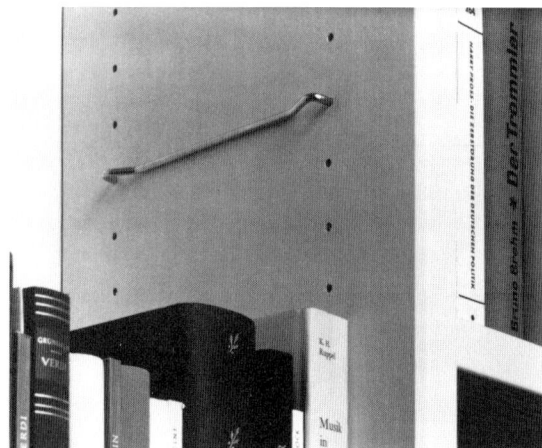

118–120 Unsichtbar hält der »Schwedenbügel« (Abb. 118) die einzelnen Fachböden der eigens für diesen Raum gefertigten Wohnwand. Die wenigen abgeschrägten Schränke ragen aus den flachen Bücherregalen vor, der Fernseher steht drehbar auf einem tieferen Tablar.

121 Der besondere Reiz dieses ideenreichen Anbauprogramms liegt in dem Wechsel von vorgezogenen gerundeten Fronten und offenen Regalteilen für Bücher. Die niedrige Kommode verbirgt den Fernseher und den Videorecorder.

114 Wandfüllende Einbauten

122 Japanischem Wohnstil ist dieser Raum nachempfunden. Schieberahmen vor den Fenstern, die mit Reispapier bespannt sind, korrespondieren mit den Schiebetüren der Schrankwände, die hinter Strukturgewebe ihren Inhalt verbergen. Ein paar offene Fächer zeigen die Bücher. Der Stuhl »Argyle« aus schwarz gebeizter Esche ist ein Entwurf von Charles Rennie Mackintosh.

123 In kleineren Räumen empfehlen sich für geschlossene wandfüllende Einbauten Schränke mit Schiebetüren. Hinter Glas bleiben die Bücher sichtbar und sind dennoch vor Staub geschützt. Die geschlossene Fläche ist mit Rauhleder bespannt, dessen Olivgrün in der Sitzgarnitur und dem Lampenschirm wiederkehrt. ▷

124 Die Wände und Türflächen sind mit dem gleichen Motiv geschmückt. Bestimmend tritt der Wolkenhimmel hervor, so daß die Schrankwand an eigener Schwere verliert. ▷

Wandfüllende Einbauten 115

Bücher umbauen das Sofa, das Fenster, die Tür

Es sieht nicht nur schön aus, wenn das Sofa von Regaleinbauten umgeben ist, es schafft auch die Möglichkeit, sich gleichsam in eine Höhle zurückzuziehen, um beim Lesen die nötige Ruhe zu finden. Der Platz über dem Sofa bietet zusätzlichen Stauraum. Das zum Lesen erforderliche Licht kann mit einer Klemmlampe am Regalboden über dem Sofa bequem an die richtige Stelle gelenkt werden. Bei der Umbauung von Fenstern und Türen mit Bücherregalen gelingt es, Wandstücke sinnvoll zu nutzen, und oft ist dies auch die letzte Möglichkeit, um noch mehr Lektüre in einem Raum um sich scharen zu können. Manchmal läßt sich die tiefere Fensternische auch zu einem kleinen Arbeitsplatz ausbauen, oder ein störender Heizkörper kann geschickt integriert werden.

Bei eigenen Versuchen, sich derartige Umbauten zu verwirklichen, ist für den Regalboden über dem Sofa, Fenster oder Tür zu beachten, daß er ausreichend stark gewählt wird, damit sich dieses meist breite Fach nicht durchbiegt (siehe Maßtabelle S. 27). Oder es muß ein zusätzlicher Winkel in der Mitte den Fachboden unterstützen.

125 Trotz unterschiedlicher Regaltypen wurde durch die Umbauung von Sofa und Fenster ein anheimelnder Raum geschaffen. Ein Beispiel dafür, wie sehr Bücher die Atmosphäre eines Raumes bestimmen können, wenn ihnen Dominanz eingeräumt wird (vgl. Abb. 193).

Bücher umbauen das Sofa 117

126/127 Zwischen Kaminnische und Wand wurde das Sofa von einem für diesen Raum angefertigten Regalsystem umbaut. Die schmalen Schrankteile erwecken die Illusion von wandgliedernden Pfeilern.

Bücher umbauen das Sofa 119

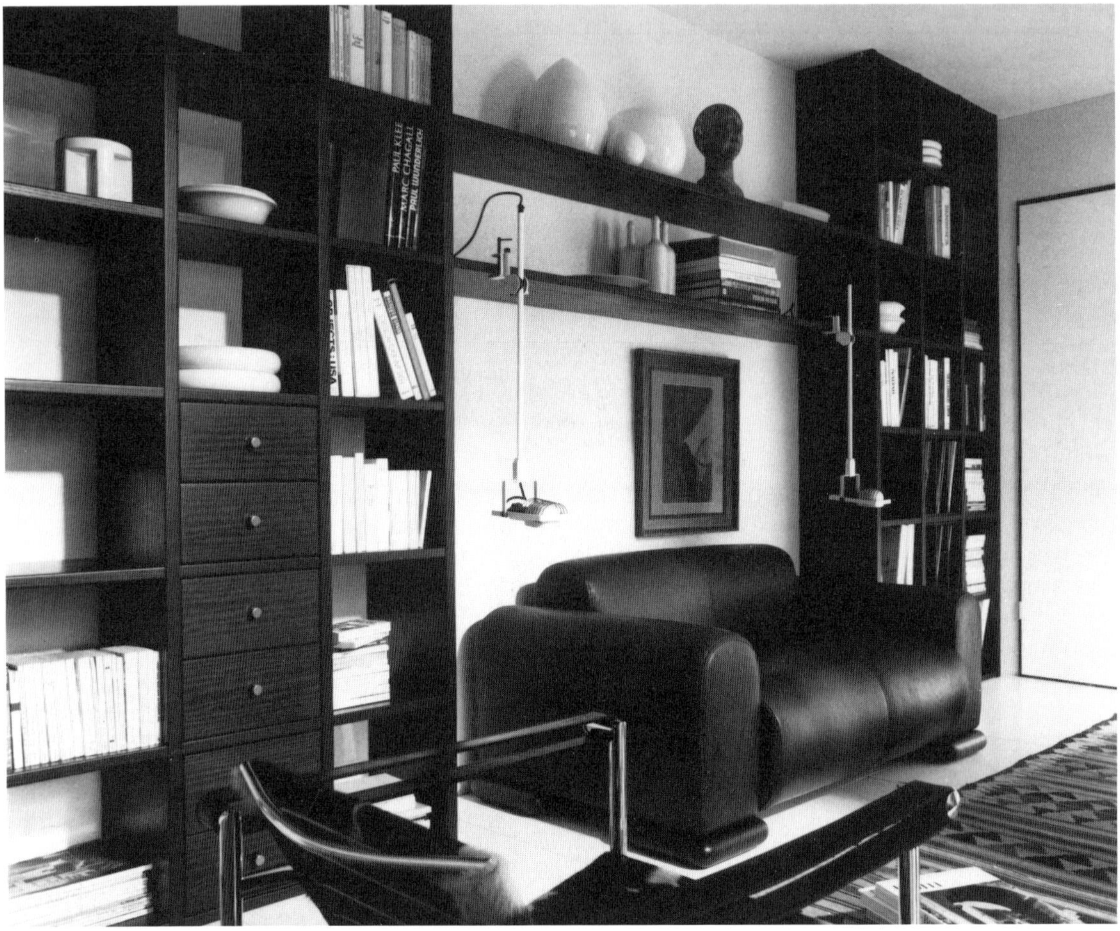
PAUL KLEE
MARC CHAGALL
PAUL WUNDERLICH

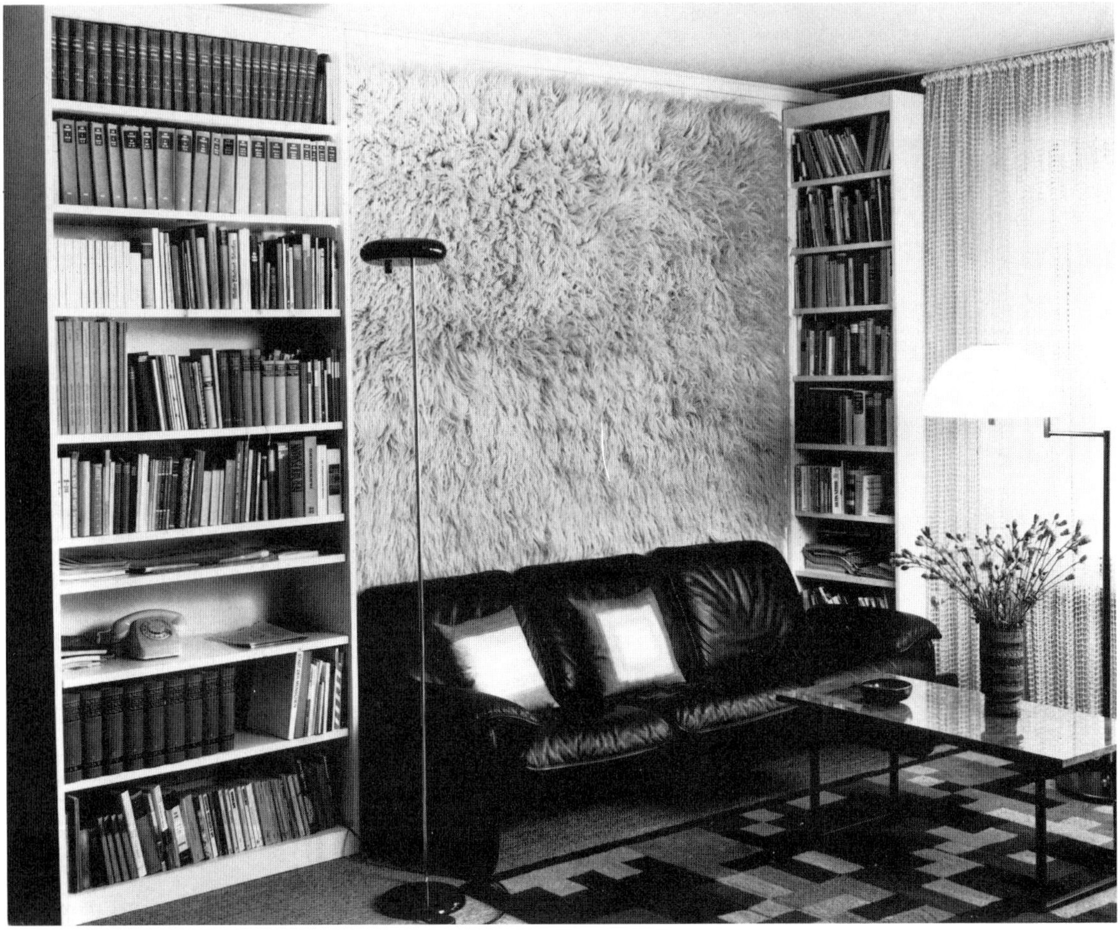

◁ 128 Der braune Eichenfarbton kehrt im Bezug des Ledersofas wieder. Gitterartige Fächer bestimmen dieses Regal. Mit breiten Böden lassen sich Sofa-, Fenster- oder Türumbauten problemlos verwirklichen.

◁ 129 Zu beiden Seiten des Ledersofas wurden weiße Bücherregale postiert, die den zotteligen Wandteppich rahmen, auch das Telefon ist so in der Nähe des Sitzplatzes erreichbar.

130 Die strenge Symmetrie des Erkers wird durch die Regale zu beiden Seiten des Fensters betont, die Lamellen der Jalousie unterstreichen die geraden Linien des klassischen Sofas von Le Corbusier, Charlotte Perriand und Pierre Jeanneret. Die Stehleuchte »Jill« haben King, Miranda und Arnaldi entworfen.

131   In diesem Wohnraum (vgl. auch Abb. 230, 231) sind alle Wände von Bücherregalen umgeben, und auch der Fensterumbau trägt ein vielbändiges Lexikon.

132   Ein aufwendiger Innenraumausbau, bei dem von der Sitzgarnitur »Milano«, dem Tisch und der Regalwand – mit lautlos gleitenden Schiebetüren – über den profilierten raumumfassenden Kranz mit Ausgleichspaneelen bis zur Kassettendecke alles von einer Firma entworfen und ausgeführt wurde.

133   Die schmalen Wände zwischen Fenstern in einem großzügigen Erker wurden für den Einbau von verschieden tiefen Bücherregalen genutzt. Durch die obersten durchgehenden Fächer der einzelnen Regalteile wirkt das Regal zur Decke hin abgeschlossen, während die übrigen schmalen Fächer den Buchformaten – und daher wechselnd in der Höhe – angemessen wurden.   ▷

134 Um den ständig zunehmenden Bücherbestand unterbringen zu können, wurde in dem mit alten Möbeln aus Familienbesitz eingerichteten Raum ein Regal über die Tür verlaufend eingebaut; mit senkrechten Schienen an der Wand, Auflagewinkeln und massiven Alzelia-Brettern, die auch die Seitenwände beschließen. Bücher auf dem obersten Bord füllen den Raum zwischen Regal und Decke.

135   In einem alten Haus wurde um die kleinen Fenster eine Bücherwand gebaut, die aus einem umlaufenden Sockelfach in größerer Tiefe und vielen flachen Fächern besteht, die bis zur Decke reichen. Die obere Abschlußleiste läuft über die Fenster hinweg und schafft so den optischen Zusammenhalt.

136 Zwei ineinandergehende Räume – ein Arbeitszimmer und ein Wohnraum (vgl. Abb. 69) – wurden einheitlich mit Industrieregalen möbliert. Das Brett über der Tür wurde zusätzlich angebracht, um auch diesen Platz an der hohen Altbauwand zu nutzen.

137 In diesem Kaminzimmer wurde die Bücherwand nach Maß gebaut. Bewußt wurde dabei um die Tür Wandfläche ausgespart. Das Deckenabschluß-Profil und die Fußbodenleiste verlaufen vor dem Regal. Sofas zu beiden Seiten des Kamins, ein Leseplatz (vgl. Abb. 2) und einige Antiquitäten vermitteln Behaglichkeit. ▷

Bücher umbauen die Tür

138 Vier Strahler in einer Schiene zwischen zwei Regalreihen, die eine Tür umgeben, sorgen dafür, daß das »dunkle Loch« der verglasten Tür bei Dunkelheit erhellt wird. Ebenso können einzelne besonders liebgewonnene Stücke im Regal durch Lichteffekte hervorgehoben werden.

Bücher umbauen die Tür

139 Türen kann man auch mit Serienmöbeln umbauen, wenn sie nur die erforderliche Variabilität besitzen. Wandborde mit Rückwand ermöglichen bei lückiger Hängung auf den Oberseiten zusätzliche Stellflächen. Durch die streifenartige Gestaltung der Wände durch Holz und Tapete wird der Raum optisch umbunden.

140 Mit Leiter-Regalen kann man auch einen breiten Türdurchgang wie hier in einer Altbauwohnung umrahmen (vgl. Abb. 60).

130 Bücher umbauen die Tür

Bücher umbauen die Tür 131

141 Eine Schiebetür verschwindet hinter dem Bücherregal, das zwischen Eßplatz und Küche die Tür umgibt. Ein Wandspiegel in der Küche zeigt wieder den Arbeitsplatz in dem Büchererker von Abbildung 133 und vermittelt so auch in einem kleinen Raum optische Weite.

Bücher am Kamin und Ofen oder bei der Heizung

Die Nachbarschaft von offenem Kamin und Büchern sollte sehr genau überlegt werden. Nur wo der Kamin vor die Bücherwand vorspringt und Schaden durch Strahlungshitze oder Rauchentwicklung ausgeschlossen scheint, kann solche Gemeinschaft in Betracht gezogen werden. In der Nähe eines Staubentwicklers wie dem offenen Feuer sollte man besser durch Glastüren geschlossene Regale einplanen. Die Kaminwand selbst wird empfehlenswerterweise durch ein mit einer Blende verdecktes Luftpolster vom Seitenteil des Regals getrennt, wobei darauf zu achten ist, daß die warme Luft auch entweichen kann.

Gleichzeitig mit der Wiederbelebung der Eisenofen-Tradition entstanden völlig neue Ofenformen, die im Zusammenspiel mit einem Regalmöbelsystem Raumlösungen von überzeugender Qualität ermöglichen. Auch hierbei sollte ein gehöriger Abstand zwischen der heißen Ofenwand und der empfindlichen Oberfläche der Möbel eingehalten werden.

Selbst wenig reizvolle Heizkörper lassen sich beim Umbau mit Bücherwänden etwas tarnen. Die früher recht massiven Heizungsverkleidungen sind transparenten oder lediglich umrahmenden Möglichkeiten gewichen, da man Wärme nicht mehr ungenutzt verpuffen lassen

142 Wandflächen und Nischen neben einer in den Raum vorstehenden Kaminwand bieten sich für Regaleinbauten an. Da Kamine oft schräg nach vorne zulaufen, können senkrechte Blenden den Ausgleich und den nötigen Abstand vor zu großer Wärme schaffen.

143 Grundriß des in Abbildung 142 gezeigten Regaleinbaus.

möchte. Ist der Heizkörper unter dem Fenster eingebaut, so kann man seitlich des Fensters Regale stellen und so den Heizkörper in die entstehende Flucht einbauen. Die Abdeckplatte läßt sich als praktischer Arbeitsplatz nutzen: man hat Tageslicht auf der Schreibplatte und man sitzt warm, die Bücher griffbereit in der Nähe.
Auch wenn ein Heizkörper eine Stellwand verbaut, läßt er sich auf einfache Weise in einem Regal integrieren.

144 Seitenansicht der regalumbauten Heizung von Abbildung 145.

145 Ein Heizkörper unter einem Fenster kann durch zwei niedrige Regale (mit oder ohne Sockel) umbaut werden. Ein Kettenvorhang verdeckt den Heizkörper, läßt aber nach vorn die Wärme durch, außerdem steigt sie durch Öffnungen in der Abdeckplatte nach oben. Diese hat wegen der Fensternische eine größere Tiefe als die Regale.

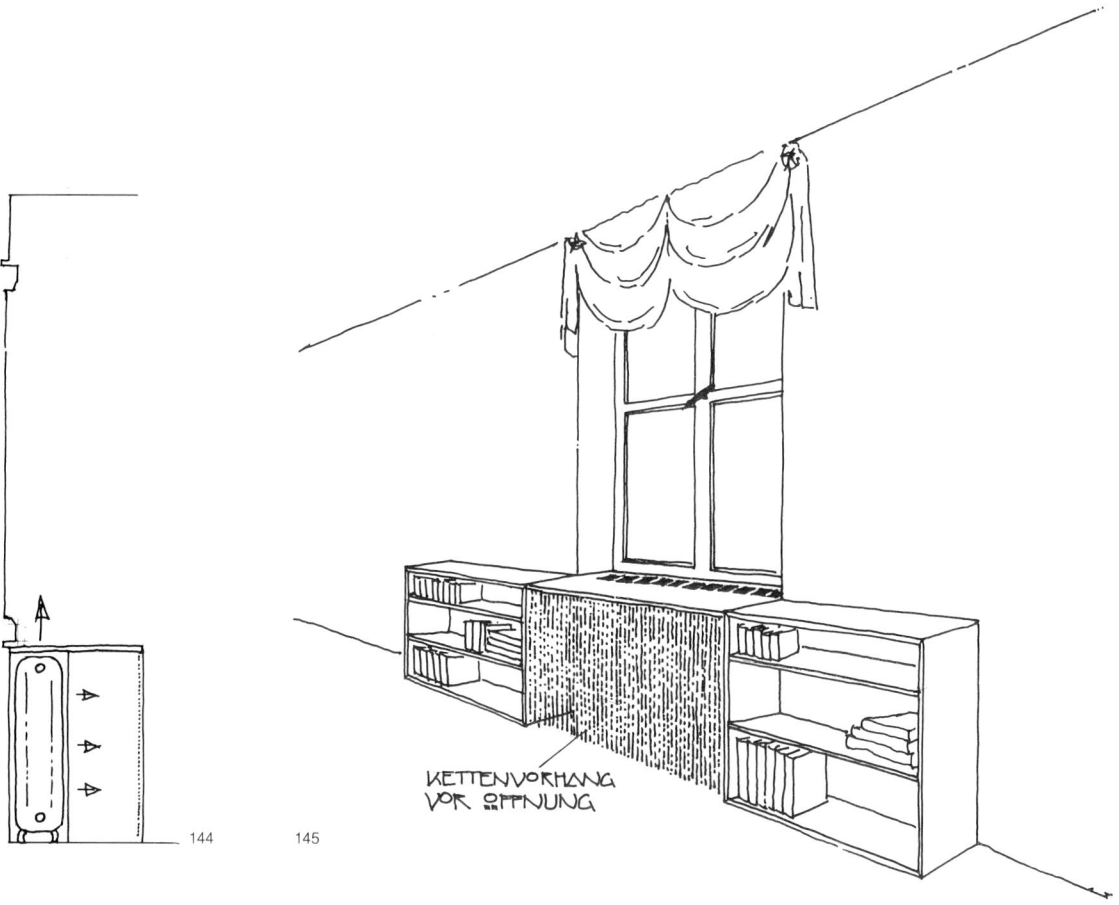

134 Bücher am Kamin

146 Großzügig läßt sich ein sechzig Quadratmeter großer Raum möblieren: Die Sitzgruppe wurde in die Mitte des Raumes postiert, die Kaminwand wurde in der Breite erweitert, so daß die Bücherregale in ihrer ganzen Tiefe darin eingebaut werden konnten. Die Fächer der Regale nehmen die gitterförmige Struktur der Fenster wieder auf und sorgen so für eine einheitliche Wandgliederung.

147 Vitrinenregale zur Selbstmontage umgeben den Kamin, über ihnen bleibt Platz für Bilder. Wie in den Abbildungen 146 und 148 wird hier der Kamin völlig umbaut und verliert an Dominanz, solange in ihm kein Feuer brennt. ▷

148 Bei dieser Wohnwand zu beiden Seiten des Kamins wurden die offenen Bücherfächer nach oben verteilt, damit die noch kleinen Kinder nicht ständig darin »aufräumen«. Die geschlossenen Schrankteile haben die Höhe des Kaminsimses. ▷

149 Die tiefen Wandnischen zu beiden Seiten des Kamins sind mit Plexiglasregalen gefüllt. Bei »leichter« Lektüre wie Taschenbüchern und kleinen bibliophilen Bänden vermag dieses Material auch in geringer Stärke die Bücher wie schwebend zu halten, ohne daß die Fächer sich biegen.

150 Kaminzimmer in Mahagoni. Symmetrisch um den Kamin sind die offenen und geschlossenen Teile dieser Wohnwand verteilt. Der Kamin mit seinem weißen Mantel bleibt das bestimmende Raumelement. Einen Kontrast zur Schwere der Einbauten und dem Ledersofa bildet der leichte »Pfauenthron«. ▷

Bücher am Kamin 137

151 Der moderne Kamin wird zur Skulptur, und die pyramidenförmige Gruppierung der einzelnen, beliebig kombinierbaren Baustein-Elemente unterstreicht seine monumentale Wirkung.

152 Die Tradition gußeiserner Öfen erfährt in neuen Formen wieder Belebung. Einzelne, verschieden tiefe, vorwiegend offene Regalteile flankieren ihn in diesem sachlichen, dennoch rustikal zu nennenden Raum, der ganz in Schwarz, Weiß und Chrom gehalten ist; dazu moderne Sitzmöbel-Klassiker: Der Sessel »D 4« von Marcel Breuer und das zweisitzige Le Corbusier-Sofa. ▷

Bücher am Ofen

Bücher bei der Heizung

154 Wenn ein Heizkörper eine durch die vielen Türöffnungen bereits schwierig zu möblierende Diele zusätzlich behindert, so kann man ihn durch ein hohes Regal mit geringer Tiefe tarnen. ▷

153 Eine von Tür, Fenster und Heizung unterbrochene Wand kann durch eine Regalwand wieder optischen Zusammenhalt finden. Über dem schmalen Wandheizkörper wurde eine Ablage – auch als kleiner, heller Arbeitsplatz zu nutzen – eingebaut. Zu dem schweren Ledersofa wurde der leichte, mit Fell bespannte Sessel »LC 1« von Le Corbusier, Charlotte Perriand und Pierre Jeanneret arrangiert.

155 An der Stellwand zwischen Fenster und Türdurchgang war ein großer Heizkörper installiert. Bei dem Entwurf aus offenen und geschlossenen Regalteilen wurde er durch ein darüber angebrachtes Brett mit daranhängenden Ketten verdeckt. Die Höhe des Brettes wird in den daneben stehenden Regalen fortgesetzt. ▷

Bücher bei der Heizung 141

Raumteiler

Ein Raumteiler gliedert das Zimmer in unterschiedliche Funktionszonen, große Räume werden dadurch intimer, man kann sich auf einen eingegrenzten Bereich konzentrieren, sich zurückziehen. Der Wohnraum läßt sich in Sitz- und Eßbereich unterteilen, die Eingangszone kann vom übrigen Zimmer unterschieden werden, das Bett läßt sich hinter einem Regal verbergen oder der Arbeitsplatz vom übrigen Raum trennen.

Lehnt sich das Bücherregal in nur niedriger Höhe an eine Sitzecke an, so ist meist nur eine einseitige Benützung der Bücherfächer gegeben. Soll ein raumtrennendes Bücherregal seinen Sinn voll erfüllen, so muß es tief genug sein, um vom Boden bis zur Decke in doppelter Reihe Bücher aufnehmen zu können, es müßte also mindestens 45 cm Tiefe haben. Je nachdem wie dicht die einzelnen Fachböden eingelegt werden, wird die neue künstliche Wand transparent oder geschlossen wirken. Fächer, in denen nur wenig steht, erlauben Durchblicke von einem Wohnbereich in den anderen. Wie Abbildung 162 zeigt, müssen die Räume gar nicht überdimensioniert sein, um mit dem praktischen wie reizvollen Gestaltungsmittel Raumteiler gemütliche Ecken in einem Zimmer zu schaffen, die gerade zum ungestörten Lesen und konzentrierten Arbeiten ideal sind. Vor allem für Appartements, wo der Alltag in ein und demselben Zimmer abläuft, bietet sich die Unterteilung durch frei in den Raum gestellte Regale oder Schränke an.

Die Möbelindustrie liefert Systeme, die zwischen Boden und Decke gespannt oder verschraubt werden, bei kleineren Räumen sollte man jedoch halbhohe oder nicht ganz bis zur Decke reichende freistehende Stellagen vorziehen, damit selbst bei vermindertem Tageslicht das Zimmer auch im hinteren Bereich noch hell und überschaubar bleibt.

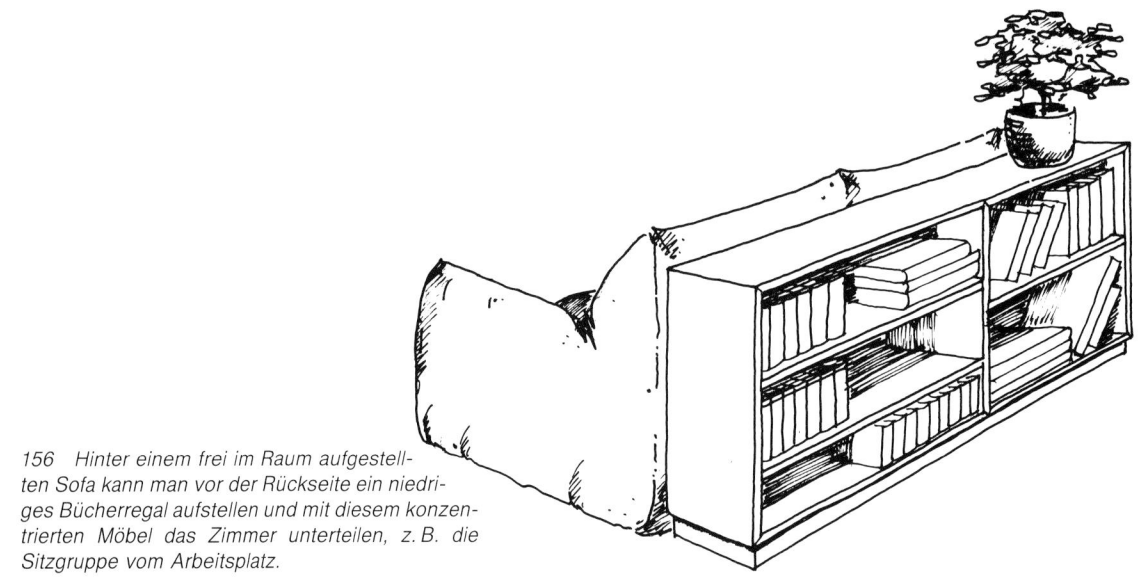

156 Hinter einem frei im Raum aufgestellten Sofa kann man vor der Rückseite ein niedriges Bücherregal aufstellen und mit diesem konzentrierten Möbel das Zimmer unterteilen, z. B. die Sitzgruppe vom Arbeitsplatz.

Raumteiler 143

157 In einem Dachzimmer wurde der Stützpfeiler mit in ein niedriges Regal einbezogen, dessen Höhe auch in dem linken Wandregal wieder aufgenommen wird. Die Sitzgruppe wird dadurch vom übrigen Raum abgetrennt, man bekommt so auch in der Mitte des Zimmers die gewünschte Rückendeckung.

144 Raumteiler

Raumteiler 145

159 Mit offenen und geschlossenen Teilen wird zwischen Eßplatz und Sitzgruppe ein Türdurchgang geschaffen. Der Eßtisch ist von der hinteren Seite ins Regal eingehängt und Bestandteil des Schrankprogramms, das vielseitige, individuelle Gestaltungen ermöglicht.

158 Zwei verschieden hohe Holzregale teilen den Arbeitsplatz im hinteren Bereich des Dachraumes (vgl. Abb. 168) von der Sitzgruppe vorne ab. In einem eigenwilligen, aber ebenso praktischen Gestell an der Schmalseite des Regals finden Tageszeitungen in vielen Fächern Platz.

Raumteiler 147

◁ 160 In diesem Dachappartement wurde ein eigener Eingangsbereich vom übrigen Zimmer durch einen quer gestellten Schrank abgeteilt. Der einklappbare Tisch und ein ebenso versteckbares Bett schaffen bei Bedarf Platz. Zu dieser umfangreichen Möbelserie gehören natürlich auch Bücherfächer, die hier über alle Elemente verteilt sind.

◁ 161 Die Aufgabe, ein Appartement von 38 Quadratmetern in mehrere Zonen zu gliedern, wurde durch verschiedene Regalteile bewältigt. Die Küchenzeile (hinten links) hat auch direkten Zugang zum Eßplatz. Das Geschirrschränkchen (in der Mitte) läßt sich zum Eßtisch hin öffnen, während das hohe Regal mit Bücherfächern zur Sitzgruppe weist.

162 Ein kleiner Raum mit vielen Funktionen. Kojen-Betten wurden hier durch in die Mitte des Raumes eingepaßte Regalteile gebaut. Das schmale Regal vor dem linken Einzelbett hat eine Rückwand, so daß an dem dortigen kleinen Lese- und Frühstücksplatz das Bett nicht mehr sichtbar ist. Das rechte, ein Doppelbett, wird von einem breiteren Arbeitsplatz begrenzt; durch das offene Fach kommt Tageslicht auch in den vorderen Raumbereich.

148 Raumteiler

163 Große durchsichtige Fächer bestimmen den zwischen Boden und Decke gespannten Raumteiler, der wie der lackierte Vitrinenschrank und das Lederpolster des Mies van der Rohe-Sessels »Brno-245« schwarz sind. Der Glastisch »M 71« ist ein Entwurf von Peter Maly.

164 Eine Kofferablage über dem Eingangsbereich ist mit dem freistehenden, nicht bis zur Decke reichenden Bücherregal zu einer praktischen Einheit verbunden. Der Wohnbereich behält seine Weite, der Garderobenteil mit integrierter Deckenbeleuchtung bekommt die ihm angemessene Proportion.

165 Die Rollen sollen täuschen – denn das in gängigen Pastellfarben gehaltene Bogenregal wird fest zwischen Boden und Decke gespannt. Es ist von beiden Seiten mit unterschiedlich tiefen Böden belegt. Der große Stahlrohrbogen wird zum Blickfang. Der passende Stuhl dazu: »To« von Kurt Ziehmer.

BÜCHER AM ARBEITSPLATZ

Ohne die entsprechende Fachliteratur im Rükken kann es keinen funktionalen Arbeitsplatz geben, da ist es gleichgültig, ob der Historiker die wichtigste Standardliteratur benötigt, der Journalist Nachschlagewerke, der Finanzberater die Steuertabellen, der Designer ein paar Bildbände mit inspirierenden Vorlagen, der Arzt das Buch über die bitteren Pillen. Man kann den Schreibplatz für kleinere Arbeiten im Regalsystem – durch einen tieferen Fachboden – einbauen, er kann mit der Schmalseite an die Bücherwand stoßen oder vor der Wand frei im Raum stehen. Bücher am Arbeitsplatz werden täglich hervorgeholt, es werden Zettel eingelegt, sie werden benutzt. Da man an seinem Arbeitsplatz oft und lange verweilt, sollte er auch gemütlich sein – wobei es keinen Unterschied macht, ob zu Hause gearbeitet wird oder ob der Schreibplatz im Büro eben auch etwas Wohnlichkeit bekommen darf. Die Möbelsysteme unterscheiden sich nicht von denen, die man im privaten Wohnbereich einsetzt. Allenfalls werden sie durch schräg montierbare Lesepult-Tablare noch praktischer, die Tiefe der Fachböden wird oft größer gewählt werden müssen, um auch Fachzeitschriften, Ordner, Büromaterial und anderen Papierkram aufnehmen zu können; selbst Hängeregistraturen lassen sich bisweilen unterbringen.

167 Handbibliothek in gediegener Schreineranfertigung hinter dem großen Schreibtisch mit einem neu ausgeführten Sessel in alter Windsor-Tradition. ▷

Werden die Fachbücher in einem Raum verwahrt, wo handwerklich gearbeitet wird, empfiehlt sich der geschlossene Bücherschrank (Fig. 4), damit die Bücher nicht einstauben; ansonsten sollte die einfache rasche Erreichbarkeit vom Arbeitsstuhl aus wichtigstes Kriterium für die Auswahl oder den Bau eines Regals im Arbeitszimmer sein.

◁ *166 Ein Kirschbaum-Regal verwahrt in Griffnähe vom Schreibtisch die Literatur in einem Arbeitszimmer. Zu altem Mobiliar hat sich die neue Halogenleuchte »Alina« von Valenti gesellt.*

168 Ein lebendiger Arbeitsplatz mit verschiedenen Tischen und einem fertigen Regalsystem, das die Bücher – wenn sie nicht gerade gebraucht werden – aufnimmt. ▽

Bücher am Arbeitsplatz   153

◁ 169 Schreibecke in einem Wohnraum mit freistehendem Sekretär.

◁ 170 Die aufgesetzten klassizistischen Giebel auf den offenen und geschlossenen Schrankteilen werden durch ein Gesimsprofil über dem Türdurchgang verbunden. Davor ein kleiner Sekretär, der zum gleichen Möbelprogramm gehört.

171 Der alte Sekretär wird von den breiten massiven Mahagoni-Brettern überspannt, die zwischen Steine gestapelt sind (vgl. Abb. 72/73). Die dadurch entstandene Nische schafft eine gewisse Abgeschlossenheit des Arbeitsplatzes.

154　Bücher am Arbeitsplatz

172　Ein Arbeitsplatz in einer Wohnhalle. Über die gesamte Regalreihe wurde oben ein Brett mit Winkeln in der Wand verdübelt. Es schützt die obere Bücherreihe vor Staub und schließt das Regal optisch nach oben hin. Auch an den Seiten wurde die durchgehende Senkrechte betont, obwohl die Fachböden bereits Bücherstützen an den Seiten haben. Im Schubladenfach über dem Tisch ist Platz für Schreibzeug. Die Stühle sind Entwürfe von Charles Eames.

173　Es ist nicht zu übersehen, an diesem Arbeitsplatz mit Blick in den Garten wird journalistisch gearbeitet. Ringsum die Bücher an den Wänden (Schienen, Winkel, schwarz gebeizte Massivbretter), unter dem Tisch ein bequemer Fußhocker.　▷

◁ 174 Ein Arbeitsplatz im Wohnraum aus Baukastenelementen mit einem Tisch in variabler Größe. Der Vitrinenschrank trennt die Bereiche Wohnen und Arbeiten voneinander. In dem Eckunterteil lassen sich besonders sperrige Dinge verstauen.

◁ 175 Aus dem gleichen Möbelprogramm wie in Abbildung 174 wurde ein in seinem Charakter ganz andersartiger, auf Gediegenheit bedachter Arbeitsraum gestaltet.

176 Kostbare alte Bände dienen ebenso wie die maßgenaue Einrichtung einem Bedürfnis nach Eleganz und zeitlos repräsentativer Wirkung. Alles, was zu sehr nach nüchterner Arbeit aussieht, wird hinter die geschlossenen Schrankteile verbannt. Die Schreibtischleuchte trägt den Namen »Concorde«, ein Entwurf von Hans von Klier, die Halogen-Deckenleuchte »Gesto« ist von Bruno Gecchelin.

177 In einem alten Bauernhof hat sich der Münchener Innenarchitekt F. X. Lutz diesen Arbeitsraum geschaffen; für das klar gegliederte Bücherregal wählte er vorgefertigte Sperrholzkisten, die einfach aufeinandergestapelt sind.

178 Auf einer Empore im Wohnraum hat sich der Hausherr diesen Arbeitsplatz eingerichtet, von wo er nach vorne ins Zimmer und rechts in den Garten schaut (vgl. Abb. 230, 231). Hinter dem Schreibtischstuhl stehen die Nachschlagewerke griffbereit auf schwarzen Böden (Schienen, Winkel). Seitliche Bücherhalter sind in den Schienen eingehängt. ▷

Bücher am Arbeitsplatz

180 Helles Holz und weiße Flächen vermitteln in dieser Zusammenstellung aus dem gleichen Möbelsystem wie in Abbildung 179 die Atmosphäre eines kreativen Büros. ▷

179 Die Bücherwand ist in ein gleichmäßiges, großzügiges Raster unterteilt, offene Fächer überwiegen. Einige Schubladen und weitere Unterteilungen erfüllen individuelle Aufbewahrungserfordernisse. Ein schräges Lesepult, das im Stehen oder vom hohen Sitz aus benützt wird, ist eine Besonderheit dieses Möbelprogramms.

181 Aus massiver Kiefer besteht das Regal mit handwerklichem Anspruch. Kastenelemente werden aus Türen, verschraubt an den Regalstützen, gebildet und aus Füllungen als Seitenteile, die in die senkrechten Pfeiler eingeschoben werden. Eine tiefere Tischplatte mit Schublade ergibt einen kleinen Schreibplatz. ▷

162 Bücher am Arbeitsplatz

182   Drei Wandborde, schnell an der Wand aufzuhängen, schaffen fünf bis sechs nutzbare Stellflächen für die Bücher am Arbeitsplatz. ▷

183   Zwei ganz unterschiedliche Arbeitsplätze – einmal ein altes Tischchen mit gedrehten Beinen, das andere Mal ein aus Kunststoff-Schubladen gestapelter – sind in diesem Raum vereint. Die nötigen Bücher sind in gleichgroßen Fächern um das Fenster verteilt.

184 Dringen auch Bildschirme in die privaten Arbeitszimmer vor, so will die erforderliche Heimcomputer-Fachliteratur doch in Regalen untergebracht sein. Es bieten sich Regale aus Stahlrohr an.

185 In dem Arbeitszimmer eines Arztes, wo Waschbecken, Tür, Röntgenbild-Leuchtwand und geschlossene Schränke untergebracht werden müssen, schaffen die offenen Bücherfächer vor den Sitzplätzen eine persönliche Atmosphäre für das Gespräch zwischen Arzt und Patient. Die Armlehnstühle sind ein Entwurf von Charles Eames.

186 Ein von beiden Seiten zugängliches Regal in der Nähe des Arbeitsplatzes. Die verschieden tiefen Böden können schräg eingehängt auch zur Zeitungsablage werden.

187 Detail zu Abbildung 186. Das rechte untere Tablar ist diesmal gerade eingehängt. △

188/189 Über acht Meter lang ist dieses Regal für Arbeitsliteratur, das Eleganz mit Sachlichkeit verbindet. Der Schreibmaschinentisch besteht aus den gleichen Stahlrohren wie die Bücherstellage; deutlich sichtbar die ebenso einfachen wie genialen Verbindungselemente (Abb. 188).

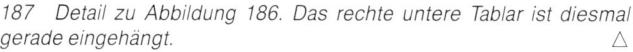

DIE BIBLIOTHEK

Die Bibliothek ist per Definition »Behältnis für Bücher«, also ein Raum, in dem nur Bücher verwahrt werden. Etwas Strenges, Stilles, Muffiges verbindet man mit dem Begriff, völlig zu Unrecht, wie die Beispiele hier deutlich machen. Wer sich den Luxus leisten kann, einen Raum seiner Wohnung nur dem Buch und dem Lesen, vielleicht noch der Hausmusik zu widmen, kann ihn zu einem hellen, gemütlichen, ein wenig sinnlichen Raum machen. Auch kleine Zimmer, deren Wände rundum mit Büchern gefüllt sind – es werden bei diesen Lösungen meist individuelle Regale auf die bestehenden Raummaße paßgerecht entworfen und (selbst) gebaut –, lassen sich so sinnvoll nutzen. Nirgendwo sonst kann man sich in einer Wohnung angenehmer zum Lesen aufhalten: in einer Bibliothek darf man, kann man einfach niemanden stören. Mehrere Sessel mit Hockern oder Sofas gehören in dies Leseexil, ein paar Ablagetische und die zur Raumstimmung passenden Leuchten. Nicht vergessen darf man die Bibliotheksleitern, bei denen es von nüchtern modern über Gebilde mit raffiniert einfachem Klappmechanismus bis zum geschnitzten verspielten Treppchen alle Formen und Materialien gibt. Wer meint, auf einer durchsichtigen, glatten Plexiglasleiter zu seinem obersten Bücherbord steigen zu müssen, kann auch dies tun – zumindest halten Einrichtungshäuser so etwas bereit. Sicherer Stand und leichte Transportierbarkeit sind die wichtigsten Eigenschaften für solch ein anmutiges Möbel.

190/191 Ein kleiner Raum wurde als Bibliothek eingerichtet. Alle Wände sind mit Regalen in zwei Tiefen und den je nach Buchformat erforderlichen hohen Fächern bedeckt. Um Platz für Sessel, Sofa und Sekretär zu schaffen, sparen die Regale an den Längsseiten des Raumes einige Fächer aus.

192 Bibliothek in der Wohnhalle einer alten Villa. Bücherfächer umbauen die hinter Vorhängen verborgenen Türdurchgänge. Durch den maßgenauen Einbau wird über den jeweiligen Buchreihen kaum Raum verschenkt. Auf den vorspringenden Sockel mit Schiebetüren kann man sich gelegentlich setzen oder zum besseren Hinreichen an höhere Fächer auch daraufsteigen.

193 Bücherrücken füllen alle Wände in dieser Bibliothek, die oberen Fächer sind durch das alte Treppchen leicht erreichbar (vgl. Abb. 5, 125). ▷

194 In dieser Bibliothek wurde vom Düsseldorfer Innenarchitekt Friedhelm Huber mit offenen und geschlossenen Schrankteilen das Sofa umbaut. Licht kommt von Downlights in der Decke und der Lesenische, und von der zwischen Boden und Decke gespannten Leuchte »Parentesi« von Achille Castiglioni und Pio Manzù.

195 An die Bibliotheken englischer Landsitze erinnert dieser Raum, in dem millimetergenau eine Bücherwand eingebaut wurde. Zwischen Decke und Regal füllt ein Lichtband die entstandene Lücke und sorgt für ein gleichmäßiges Licht, wie es verglaste Oberlichte schaffen. ▷

196 Wandschirm und Stehpult sind vergangenen Wohnformen entnommen, doch gerade in kleineren Bibliotheksräumen werden sie zu praktischen und vor allem dekorativen Möbeln. ▷

Die Bibliothek 171

172 Die Bibliothek

197 Die Regalwand im unteren Bereich des großzügigen Wohnraums nimmt neben der Fernsehkommode und den Hifi-Geräten in weiten Fächern eine Skulpturensammlung auf. Der Raum auf der Empore wird durch die Bibliothek genutzt.

198 Ein Teil der in Stallungen entstandenen Wohnhalle (vgl. Abb. 66/67) wurde zur Bibliothek. Die Leseinsel wird durch den Kelim markiert. ▷

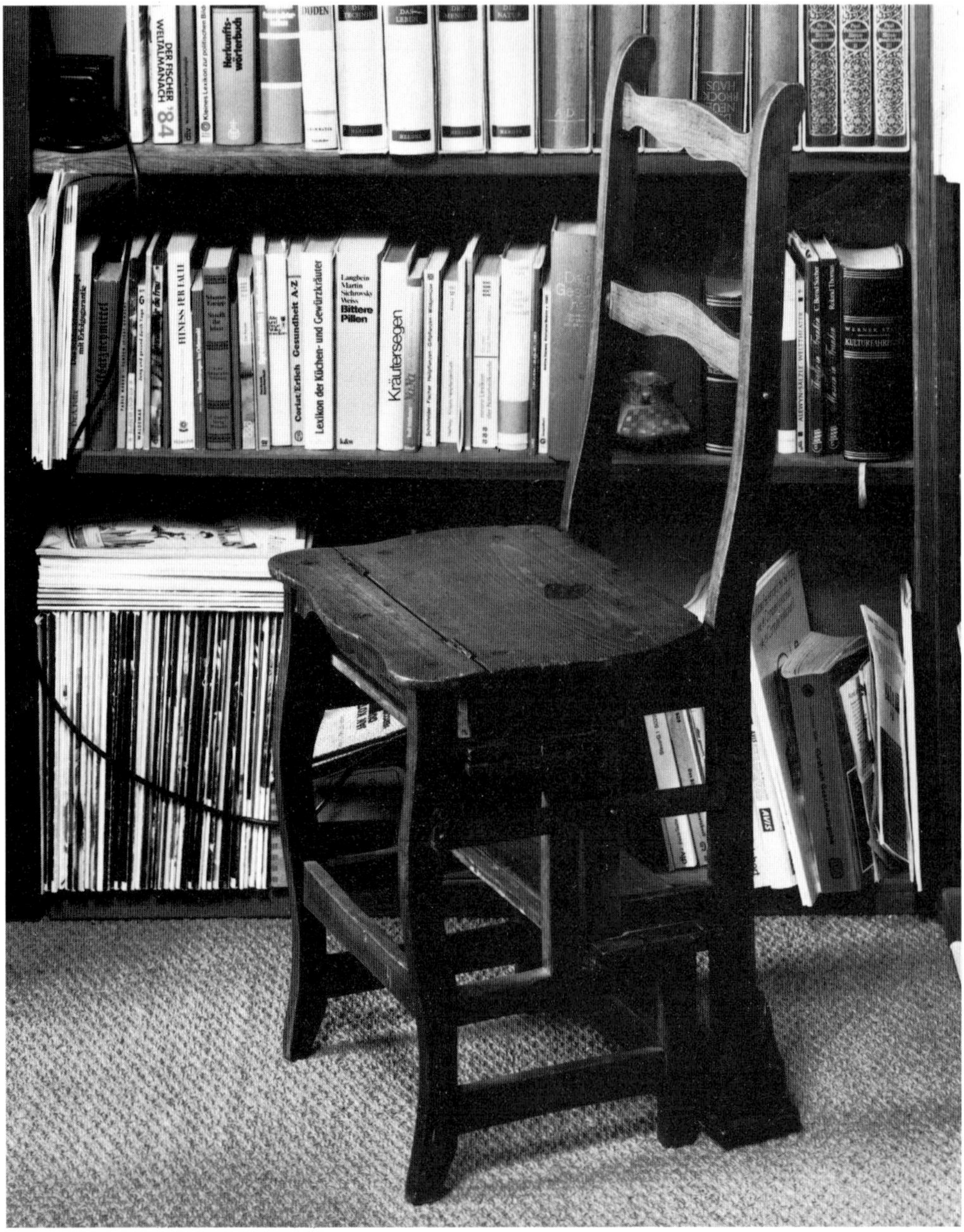
DER FISCHER WELTALMANACH '84
Herkunfts-wörterbuch
DUDEN
Lexikon der Küchen- und Gewürzkräuter
Bittere Pillen
Kräutersegen

199

Realismus
knaurs
BERLIN
PARIS

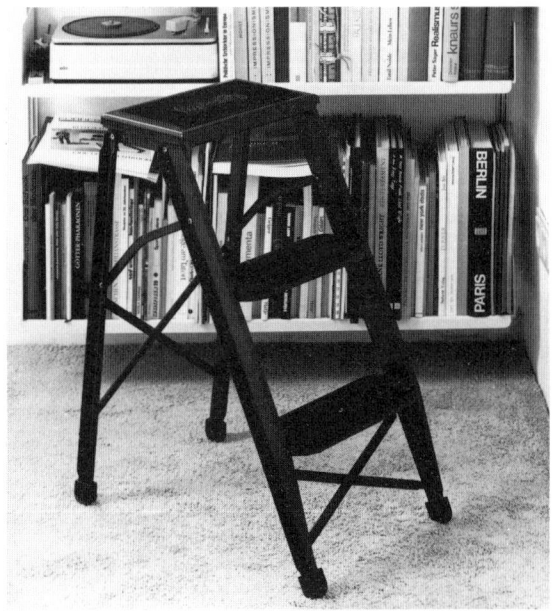

200

199/201 Der Stuhl läßt sich zu einer Bibliotheksleiter ausklappen. Die Besitzer brachten ihn – oder sie – aus der Provence mit.

◁ *200 Rutschfest steht man auf den mit Gummi belegten Stufen dieser modernen Trittleiter aus Stahlblech.*

202 Aus schwarzem Mahagoni, mit einer 153 Zentimeter langen Stange, besteht diese elegante Bibliothekstreppe, deren Stufen zusammendrehbar sind. ▷

BÜCHER IM FLUR UND TREPPENHAUS

Bücher, von denen man sich nicht trennen mag, die man aber nur selten benötigt, kann man praktischerweise im Flur, in der Diele, dem Korridor, dem Treppenhaus unterbringen – oder wie auch immer der Raum genannt wird, der als Verkehrsweg die einzelnen Zimmer der Wohnung oder des Hauses verbindet. Hier sind der Selbermacher, der Innenarchitekt und der Schreiner besonders gefragt, denn die oft verwinkelten Ecken zwischen Türen und Wandteilen lassen sich kaum platznutzend mit vorgefertigten Möbeln optimal einrichten.

Ein Regal unter der Treppe ist doppelt praktisch: Es nutzt schwer zugänglichen Platz und schafft im noch freien Eck weiteren Stauraum für Koffer, Sportgeräte oder andere sperrige Dinge. In einem Treppenaufgang läßt sich bisweilen der Durchgang durch ein Bücherregal verschmälern; Bücher im Treppenhaus bringen zusätzlich Farbe und Wohnlichkeit in einen sonst nüchtern und kahl wirkenden Raum. Auch Fachzeitschriften, von denen man immer glaubt, daß sie irgendwann noch einmal helfen könnten, lassen sich gut im Flur aufbewahren, seien sie gestapelt, in Sammelmappen oder jahrgangsweise gebunden. Oft sind es die vielen Türen und die dafür freizuhaltenden Wandflächen in einer Diele, die es unmöglich machen, sie für Regaleinbauten zu nutzen. Durch Schiebetüren, die hinter dem Regal verlaufen, läßt sich dies Problem zweifach lösen: die Türflächen zergliedern nicht mehr den Raum, und man gewinnt auch bei kompliziertem Grundriß Stellflächen, kann Nischen und Pfeiler noch mit in das Regal einbeziehen.

Die im Flur obligaten Dinge wie Spiegel und Garderobe lassen sich in Regalen, die vom Boden bis zur Decke reichen, geschickt integrieren, und Bücher im Eingangsbereich sind schließlich für eine Wohnung und deren Besitzer keine schlechte Empfehlung.

203 Aus einem Schneefanggitter, wie es gewöhnlich auf Dächern angebracht wird, und weiß beschichteten Spanplatten wurde ein Flurregal konstruiert.

204 Der Flur, der durch den wandhohen Spiegel scheinbare Erweiterung erfährt, empfängt den Besucher mit Büchern. Wie auch im Wohnraum (vgl. Abb. 96/98) sind die Regale hier in verschiedenen Tiefen gestaffelt. ▷

Bücher im Flur

205 Aufsicht auf die Regaleinbauten in den Abbildungen 206 und 207.

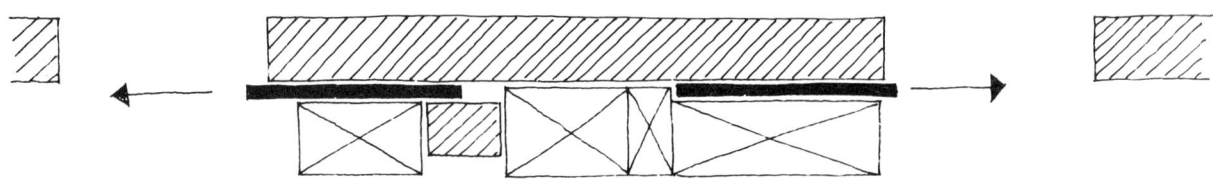

206 Blick in das Arbeitszimmer (vgl. Abb. 177) neben dem linken Regalteil.

207 Gesamtansicht des Flurregals. Zwei gleichbreite Regale umbauen den Pfeiler, der den Deckenbalken stützt, ein sehr schmales Fach für extrem hohe Formate schließt sich an. Hinter dem breiten Regal (rechts) verläuft platzsparend die Schiebetür. Schwenkbare Strahler sorgen für angenehme Beleuchtung.

208 Massive Fichtenbretter (Lochschienen-System) nehmen einen Teil der Büchersammlung im Flur auf. Der Treppenabsatz bietet genügend Platz, um dieses 35 Zentimeter tiefe Regal zusätzlich anbringen zu können.

180 Bücher im Treppenhaus

209 Auch unter der Treppe können in einem »belesenen Haus« (vgl. Abb. 208) noch Bücher untergebracht werden. Dieses einfache Fichtenregal haben die Kinder der Besitzer gebaut.

210 Im Treppenhaus des von Mario Botta erbauten Wohnhauses sind die Bücher von den Stufen aus bequem erreichbar. Zum Teil können die Fächer doppelseitig genutzt werden. Mit diesem variablen Stahlrohrsystem lassen sich auch die eigenwilligsten Raumlösungen gestalten. ▷

BÜCHER IM KINDER- UND JUGENDZIMMER

Mit abwaschbaren Büchern, die aus acht kartondicken Seiten bestehen, beginnt das Leben fast eines jeden Bibliophilen. Auch diese Literatur will neben Schlaftier, Baustein und Feuerwehrauto untergebracht werden. Wegen extremer Formate, die Bilderbücher bisweilen annehmen, sollte ein genügend großes Fach vorgesehen werden. Und so ein Regal muß stabil sein, denn Kletterübungen an ihm sind nicht auszuschließen. Auch sollte es keine scharfen Kanten oder vorstehende Schrauben etc. haben. Immer wieder wird darauf hingewiesen, daß Kinder schon früh ans Buch gewöhnt und mit dem Lesen vertraut gemacht werden sollten, damit es für sie eine lebenslange Bereicherung bleibt. Ein Regal im Kinderzimmer animiert zum Sammeln und zum Schenken von Büchern.

Mit fortschreitendem Alter kommen neben den Schulbüchern dann Taschenbücher, spannende Romane, bunte Sachtitel dazu. Meist werden diese Bücher nur ein paar Jahre über aufgehoben, sie brauchen noch nicht so pfleglich für die Ewigkeit verwahrt zu werden, Hauptsache, sie haben irgendeinen festen Platz und können sich neben den akustischen, optischen Medien wenigstens behaupten. Ebenso kurzlebig wie diese Art von Literatur sind auch die Möbel, meist Übergangslösungen für etwa zehn Jahre, bis der Auszug aus dem Elternhaus bevorsteht. Variabel und robust sollten diese Regalmöbel sein, um dem Umräumungsdrang Jugendlicher entsprechen zu können, sie sollten mit den Bewohnern wachsen können, und sie sollten ihnen gefallen, nicht unbedingt den Eltern.

Bücher im Kinderzimmer 183

◁ 211 Im Kinderzimmer eines Fünfjährigen haben sich neben Autos, Bausteinen, Teddybären und Spielen bereits allerlei Bücher angesammelt. Gemeinsam wird alles in einem vorgefertigten Kiefer-Regal verwahrt.

212 Für Bilderbücher gibt es in diesem Kunststoffregal ein hohes Fach. Die Größe der Sitzmöbel ist für Kinder bis 6 Jahre zugeschnitten.

184 Bücher im Kinderzimmer

213/214 Aus einzelnen Kisten ist ein Arbeitsplatz für einen Jugendlichen gruppiert. Mit Rollen, zusätzlichen Unterteilungen, frei aufstellbar oder an der Wand zu verdübeln, ist dieses System unkompliziert, robust und variabel. △

215 Alle Leitern, Böden oder Kästen können nur durch einfaches Zusammenstecken stabil aufgebaut werden. Um den Arbeitsplatz sind einige Schubladen und viele offene Fächer für die noch zu erwartenden Bücher eingeplant.

216 Die Vorliebe für Pferde im Zimmer eines zehnjährigen Mädchens ist unverkennbar. Stofftiere, Spiele und viele (Karl May-)Bücher stehen in großen Fächern eines selbstgebauten Regals aus lackierter Spanplatte.

186 Bücher im Jugendzimmer

217 Wie die Orgelpfeifen wachsen die Bücher am »Musenplatz« eines Elfjährigen. Auf einen alten Tisch wurde ein Aufsatz mit Fächern und Glastürchen gesetzt. Alles andere fand sich von selbst. ▷

218 Zwei Wandborde und ihre Umgebung nehmen das auf, was ein Vierzehnjähriger beim Schulaufgabenmachen um sich haben möchte: Taschenbücher, Weckradio, Krimskrams und den Stundenplan. ▷

219 Neben dem Stockbett faßt ein schmales Holzregal die Lektüre eines Zwölfjährigen, der gerade für die Musik von Nena und den F. C. Bayern München schwärmt.

BÜCHER AM BETT

»In den Boden eingegrabene Schlafgrube« bedeutet der indogermanische Begriff »bhodhio-«, wovon sich unser »Bett« ableitet. Ist sprachlich die Verwandtschaft noch erkennbar, so haben sich heutige Schlafzimmer doch sichtlich weiterentwickelt, wenngleich sich die Gemütlichkeit des Nestes bewährt hat. Gerade in den letzten Jahren haben sich die ehedem unvorzeigbaren Schlafzimmer immer mehr zu Räumen entwickelt, in denen auch tagsüber gewohnt werden kann, sei es, daß hier ein Arbeitsplatz eingerichtet wurde, sei es, daß man sich auf das Bett, das tagsüber nicht mehr als ein solches – dank raffinierter Klappmechanismen – zu erkennen ist, gemütlich zum Lesen zurückziehen kann. Bücher sind in solchen Schlaf-Wohnzimmern fast immer vorhanden. Neben dem Bett braucht man irgendeine Ablagemöglichkeit, auch wenn sich Bücher den meist zu kleinen Raum mit anderen Utensilien zu teilen haben. Man kann dem Buch aber im Schlafzimmer auch mehr Platz einräumen, so daß außer der jeweiligen Nachtlektüre ein Teil der Büchersammlung dort seinen Platz findet. In den umfangreichen Möbelprogrammen für Schlafzimmer gibt es Regalfächer, die hinter dem Kopfteil des Bettes entlanggeführt werden, es gibt Paneelwände für einhängbare Schubfächer und Regalböden, zwischen Schrankelementen können offene Bücherelemente angebracht werden oder bewährte Regalprogramme vom Wohnraum einfach neben dem Bett aufgebaut werden. Kleine Wandnischen neben Fenster und Bett lassen sich durch individuell gefertigte Einbauten auch für Bücherfächer nutzen.

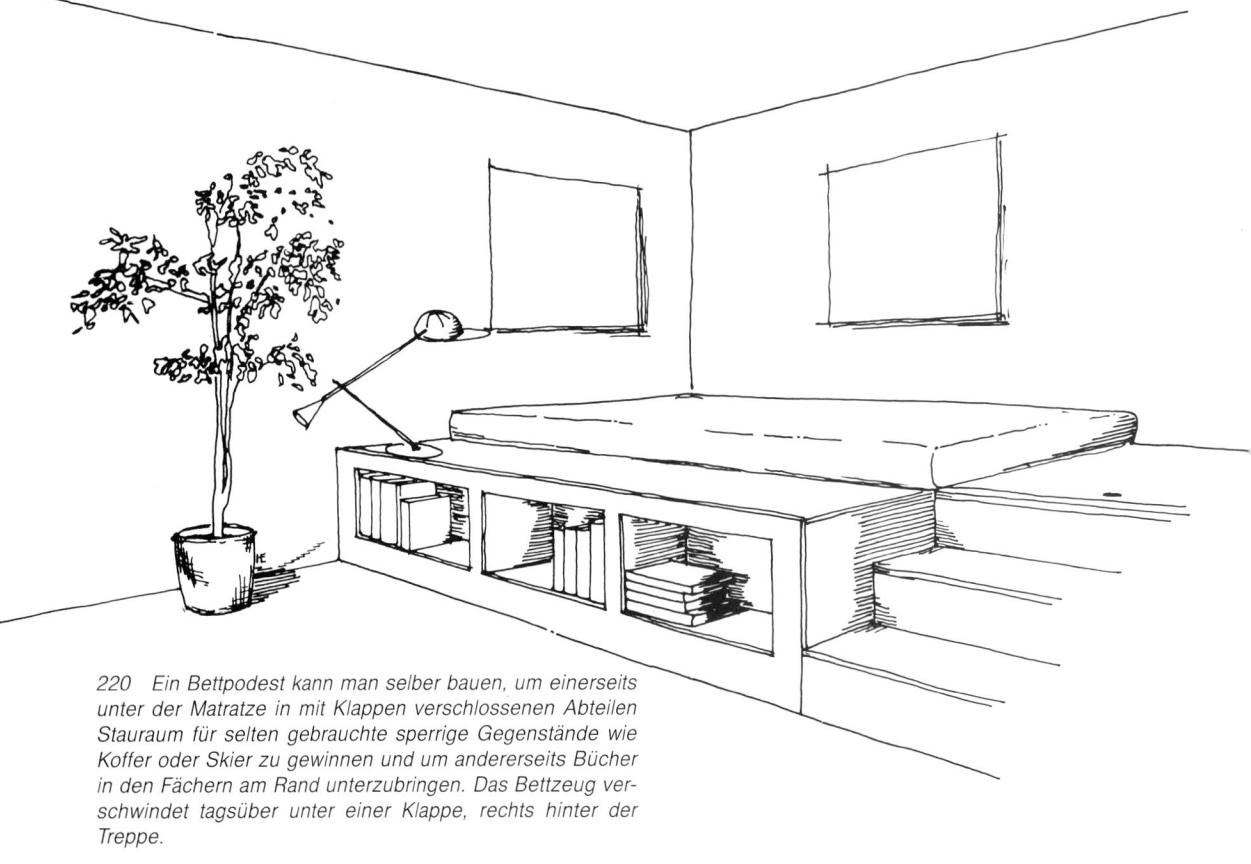

220 Ein Bettpodest kann man selber bauen, um einerseits unter der Matratze in mit Klappen verschlossenen Abteilen Stauraum für selten gebrauchte sperrige Gegenstände wie Koffer oder Skier zu gewinnen und um andererseits Bücher in den Fächern am Rand unterzubringen. Das Bettzeug verschwindet tagsüber unter einer Klappe, rechts hinter der Treppe.

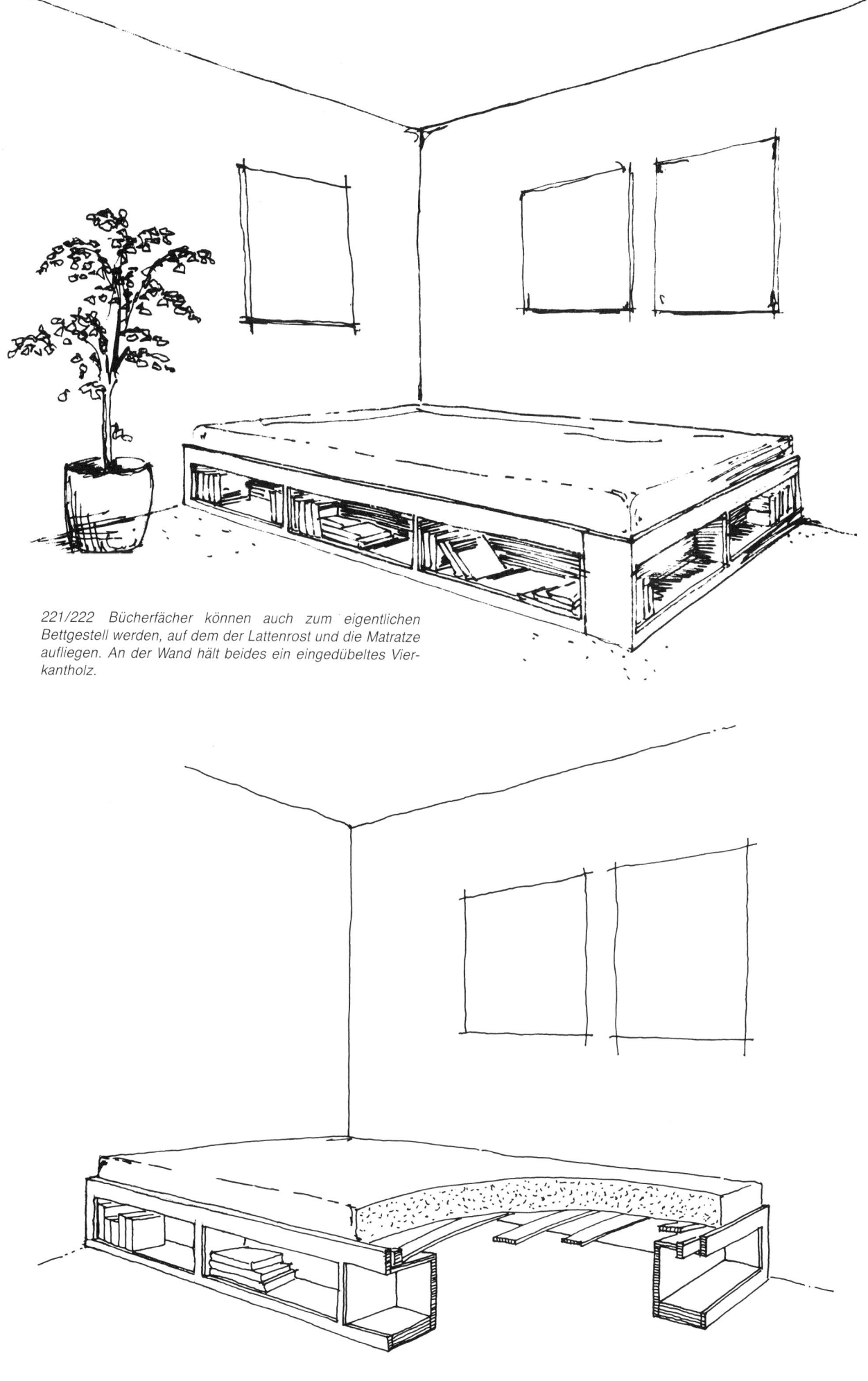

221/222 Bücherfächer können auch zum eigentlichen Bettgestell werden, auf dem der Lattenrost und die Matratze aufliegen. An der Wand hält beides ein eingedübeltes Vierkantholz.

◁ 223 Eine mit Holz verkleidete Zimmerecke und eine um das Bett führende Ablage schaffen »praktische Gemütlichkeit«. Ein hoch angebrachtes Bücherbrett – bei so langen Stellflächen ohne Bücherstützen gibt es allerdings leicht ein Chaos – hält nicht nur die Nachtlektüre bereit.

◁ 224 An Wandpaneelen hinter dem Bett sind einige Borde eingehängt. Bücher und Vasen, ein paar Kunstgegenstände und Bilder werden gemeinsam zur Wanddekoration.

225 Ein offenes Bücherregal lockert die große Fläche des Kleiderschrankes auf. Auch ein transportabler Fernseher hat hier noch Platz.

226 An der schmalen Fensterwand ist neben dem Bett ein hohes Bücherregal zusammen mit teilweise verspiegelten, abgeschrägten Schrankfächern eingebaut worden. Die Wandbespannung wie der Bettüberzug sind aus Alcantara.

227 Zwei geschlossene Konsolen und acht Bücherböden wurden direkt neben dem Bett aufgehängt, um außer der Lektüre auch noch eine Ablage in Griffnähe zu haben. ▷

228 In sonnigem Gelb präsentieren sich die Bücherregale zu beiden Seiten des geblümten Bettes. Der Stoff bezieht auch die unteren Schrankfächer. Zwei am Regal verschraubte Leuchten sorgen für ausreichendes Leselicht. ▷

BÜCHER BIS UNTERS DACH

Von besonderem Reiz können Bücher im Dachgeschoß sein. Wie der Wandschrank, so ist auch das Bücherregal willkommen, die Tiefe der Dachschräge zu begrenzen. Nischen, Kaminvorsprünge und aus konstruktiven Gründen erhaltene und umkleidete Säulen bieten der Phantasie reiche Möglichkeiten.

Mit pyramidenartig aufgestapelten Kastenelementen lassen sich die spitzen Giebelwände originell und geschickt für Regale nutzen. Mit der Dachschräge folgenden Wangen können auch Systemmöbel für die letzten Winkel den räumlichen Gegebenheiten zentimetergenau eingepaßt werden. Also auch derjenige, der im Umgang mit Hammer und Säge wenig Geschick entwickelt, kann die komplizierten Raummaße unter dem Dach bewältigen, um sich dort mit Büchern zu umgeben. Manches Mal kommen auch so viele Bücher im Laufe eines Lebens zusammen, daß nur das Eck unter der Dachschräge noch ein wenig zusätzliche Stellfläche bietet. Bezeichnenderweise werden die Regale in solchen bereits bibliomanisch zu nennenden Fällen mit einfachen Schienen-Winkel-Bretter-Lösungen bestritten: Das Buch und sein Inhalt haben Vorrang bekommen vor noch so fein erdachten und edel ausgeführten Regalsystemen.

230 In Lochschienen, die in die Wand gedübelt werden, sind die Auflagewinkel eingehängt, worauf die Bretter gelegt werden. Bücherstützen sind dabei ein unerläßliches Zubehör (vgl. Abb. 231). △

◁ *229 Den unteren Bereich einer Dachschräge nutzt ein eingebautes Regal. Dabei ergeben sich verschieden tiefe Fächer.*

231 Bücherrücken, die bis unter die Dachschräge wachsen, bestimmen den Wohnraum mit dem Arbeitsplatz auf der Empore (vgl. Abb. 178). Durch die Treppe sind auch hochgelegene Bücher leicht erreichbar (Detail Abb. 230).

196 Bücher bis unters Dach

232 Detail zu Abbildung 233.

233 Arbeitsplatz in einem hellen Dachraum. Das Möbelprogramm läßt den individuellen Einbau mit abgeschrägten Wangen und Deckenspannern zu. Der Stuhl vor dem Schreibtisch ist ein Entwurf von Ludwig Mies van der Rohe.

Bücher bis unters Dach 197

234 Durch abgestufte Höhen wird die Einrichtung der Schräge des Daches angeglichen. Viele verschiedene Tiefen und Breiten gestalten die Regale, offene Fächer nehmen Bücher, Schallplatten und Holzarbeiten auf. Ein breiter niedriger Sockel wird zum Sitzplatz oder zur Ablage, darunter ist Platz für einen Bettzeugkasten.

198 Bücher bis unters Dach

235 Der schmale Dachraum wurde ganz mit Holz verkleidet, darunter die Isolierung angebracht. Schwarze Wandborde mit Rückseiten heben sich markant davon ab und passen sich in der Länge der Dachneigung an.

236 Von ganz hoch und offen bis niedrig und geschlossen reichen die Varianten der Fächer in dieser Wohnwand, in der das offene Regalteil mit Büchern gefüllt ist. ▷

237 Das kleine Fenster in der spitzen Giebelwand wird pyramidenförmig und fast symmetrisch von einer Bücherwand umbaut. ▷

200 Bücher bis unters Dach

238 Einige Bücher, die Hifi-Compactanlage und ein paar Weingläser füllen einen Raumteiler, der an die Maße des schrägen Daches angepaßt wurde. Im »Wassily«-Sessel von Marcel Breuer fehlt also zum Wohlbefinden beim Lesen nichts, und der Blick aus dem großen Dachfenster reicht dabei direkt bis in den Himmel.

ANHANG

Literaturhinweis

Baroni, Daniele L'ogetto lampada, Milano 1981
Baur, Karl Mit Büchern wohnen, München 1958
Bielschowsky, Ludwig Der Büchersammler, Koblenz 1980
Blaser, Werner Element-System-Möbel, Stuttgart 1984
Books in your home New York 1957
Geest, Jan van Otakar Máčel Stühle aus Stahl, Köln 1980
Holm, Edith Stühle, München 1978
Larrabee, Eric / Vignelli, Massimo Knoll Design, New York 1981
Magnani, Franco Wohnen mit Büchern, Tübingen 1981
Moderne Klassiker – Möbel, die Geschichte machen hrsg. von Schöner Wohnen, Hamburg 1984
Raabe, Paul Bücherlust und Lesefreuden, Stuttgart 1984
Sembach, Klaus-Jürgen Neue Möbel, Stuttgart 1982

Zeitschriften

Ambiente – Wohnen International Burda, München
Architektur und Wohnen Jahreszeiten-Verlag, Hamburg
Casa Vogue Edizioni Condé Nast, Milano
Das Haus Burda, München
Interni Electa periodici, Milano
Schöner Wohnen Gruner und Jahr, Hamburg
Zuhause Jahreszeiten-Verlag, Hamburg

Herstelleradressen

Alias
Via Respighi 2
I-Milano

Anonima Castelli
Via Torregiani 1
I-Bologna

Arteluce
Via Moretto 58
I-Brescia

Artemide
Via Brughiera
I-Pregnana Milanese (MI)

Axis GmbH
Richard-Wagner-Straße 7
75 Karlsruhe

Behr Möbel- und Gehäusefabrik
Postfach 1254
7317 Wendlingen/Neckar

Casa-Möbel
Leopoldstraße 121
8 München 40

Cassina
P. O. Box 102
I-Meda (Milano)

E. Kold Christensen Aps
Rygards Allé 131
DK-2900 Hellerup

die Collection
Schützenstraße 7
6967 Buchen/Odenwald

de Sede of Switzerland AG
Postfach
CH-5313 Klingnau

Designo-Einrichtungen
Ernsthaldenstraße 17
7000 Stuttgart 80

Egoform GmbH
Blütenweg 13
6940 Weinheim

Element-System
Rudolf Bohnacker-Metallwarenfabrik
7935 Rottenacker

Flos
Via Moretto 58
I-Brescia

Gillemot
Sommer Straße 33
8000 München 90

Die Gute Form
Ludwigstraße 6
8000 München 22

Gwinner-Wohndesign
Hauptstraße 70
7293 Pfalzgrafenweiler

Hain und Thome
Postfach 2929
75 Karlsruhe

Hoffmeister-Leuchten GmbH
Am Neuen Haus 4-10
5880 Lüdenscheid

Hülsta Werke
Postfach 369
4424 Stadtlohn/Westf.

Ikea Deutschland Verkaufs GmbH
Dieselstraße 8–10
4972 Löhne 2/Westfalen

Interlübke Möbelfabrik
Postfach 1660
4840 Rheda-Wiedenbrück

Inter Profil GmbH
Karl Theodor Straße 91
8000 München 40

IP 20 Inbau
Innenausbausysteme Vertriebs AG
Usedomstraße 23
2000 Hamburg 70

Kartell SPA
Via delle Industrie 1
I-20082 Noviglio (Milano)

Knoll International GmbH
Siemensstraße 1
7141 Murr

Lehni AG
CH-8600 Dübendorf (Zürich)
Vertrieb: Die Gute Form
Ludwigstraße 6
8000 München 22

Lundia
Schwanhäuser KG
8832 Weißenburg

Metropolitan Wire Corporation
Vertrieb: Form und Farbe
Hahnenstraße
5000 Köln

Hermann Miller International Collection
Postfach 422
CH-4010 Basel
siehe auch: Vitra

Möbel-Kiste
Postfach
2361 Seedorf Schlamersdorf

Nikol
Vertrieb: Casa-Möbel
Leopoldstraße 121
8000 München 40

Quadriga
Möbelwerkstätten
Georg Pollmann GmbH
Oberer Hilgenstock
3530 Warburg/Westfalen

Wilhelm Renz GmbH
Möbelfabrik
Hanns-Klemm-Straße 35
7030 Böblingen

Herstelleradressen

Saporiti italia
Zürichhaus
Am Opernplatz
6000 Frankfurt/Main

U. Schärer Söhne GmbH
USM-Haller
Siemensstraße 4a
7580 Bühl/Baden

Schulte
Haushaltsregale
Im Fachhandel und
Hertie-Kaufhäusern

Skipper
Via S. Spirito 14
I-Milano

String
Intraform-String
Postfach
8000 München 86

Stüker GmbH
Enger Straße 11–21
4900 Herford

Team-Möbel
Postfach
CH-Gipf

Tecta Möbel
Postfach
3471 Lauenförde

Thome-System-Möbel
Postfach
7512 Rheinstetten bei Karlsruhe

Gebrüder Thonet GmbH
Postfach
3558 Frankenberg/Eder

A. Trüggelmann GmbH
Heidegrundweg 104–108
4800 Bielefeld 11

Valenti
Via A. Volta 2/4
I-Cusago (MI)

Vereinigte Werkstätten München
Amiraplatz 1
8000 München 2

Gebrüder Vieler GmbH
Gennaer Straße 66
5860 Iserlohn

Vitra GmbH
Postfach 1940
7858 Weil am Rhein

Vitsoe
Vertrieb: Casa-Möbel
Leopoldstraße 121
8000 München 40

Wilkhahn
Wilkening und Hahne GmbH
Postfach 2070
3252 Bad Münder 2

WK-Gesellschaft für Wohngestaltung mbH
Heilbronner Straße 4
7022 Leinfelden-Echterdingen 2

Zanotta
Via Vittorio Veneto 57
I-Nova Milanese (MI)

Bild- und Herstellernachweis mit Übersicht der Möbelsysteme

Abb. Nr.	Bild-nachweis	Entwurf	Hersteller	Ausfüh-rung	Modell-name	Material/Besonderheiten	Standort
Fig. 1–4	Yves Meylan						Privat-wohnung
Fig. 5–9	Callwey-Bildarchiv						
Fig. 10–13	Henrik Riedel, Callwey-Bildarchiv						
Fig. 14	Fritz Hierl, Callwey-Bildarchiv						
Fig. 15	Callwey-Bildarchiv	N. V. Everest			N. V. Everest		
Fig. 16	Callwey-Bildarchiv	Vereinigte Werk-stätten München			Vereinigte Werk-stätten München		
Fig. 17	Centrokappa		Kartell				
Fig. 18	Helmut Eiler						
Fig. 19	Helmuth Baur-Callwey						
Fig. S. 25	Helmut Eiler						
Fig. 20–30	Helmut Eiler						

Abb. Nr.	Bild- nachweis	Entwurf	Hersteller	Ausfüh- rung	Modell- name	Material/Besonderheiten	Standort
1	Helmuth Baur- Callwey	Karin u. Nisse Strinning	String- Design			Kunststoffbezogene Drahtleitern, Holz- böden. Eingehängte Tischplatte, Schub- ladenfächer, vgl. Abb. 5, 58, 59, 60, 140, 154, 193	Privat- wohnung
2	Reinhold L. Hilgering					vgl. Abb. 137	Privat- wohnung
3	Reinhold L. Hilgering		Schulte Liege: Saporiti Hocker: Thonet		Haushalts- regal	Fachböden und Stangen Stahlblech, weiß lackiert, vgl. Abb. 70	Privat- wohnung
4	Gwinner	Team- Möbel	Gwinner- Wohndesign		Team-Bahia	Esche dunkel, auch in Orientrot, Tabak, Perlweiß, Grau decklackiert lieferbar. Drei Breiten, drei Tiefen. Der Rundbogenent- wurf wurde seit 1979 zum Vorbild für vie- le Modelle.	
5	Reinhold L. Hilgering	Karin u. Nisse Strinning	String-Design			vgl. Abb. 1, 58, 59, 60, 140, 154, 193	Privat- wohnung
6/7	Helmut Eiler						
8	Reinhold L. Hilgering					Nach altem italienischen Vorbild	Privat- wohnung
9	Reinhold L. Hilgering						Privat- wohnung
10	Gruner + Jahr Schöner Wohnen						Privat- wohnung
11	WK	Gerd Haut- mann	WK		Pult	Kiefer natur	
12	WK	Bo Sendker	WK		Tromsø	Unter- und Aufsatzteile getrennt lieferbar	
13	Ikea		Ikea		Rektor	Kiefer nußbraun lasiert	
14	Helmuth Baur- Callwey						Privat- wohnung
15	Stüker		Stüker		Burgund	Eiche champagnerweiß, Oberfläche handgebürstet. 9 Holzausführungen, 6 Varianten der Türfüllungen, mehrere Höhen, Tiefen, Breiten lieferbar. Auch als Einzelmöbel, vgl. Abb. 195	
16	Stüker		Stüker		Yvonne	Kirschbaum. Außerdem in Mahagoni und 12 Farben lieferbar. Türfüllungen ge- schlossen oder mit Glas. Verschiedene Maße und Inneneinteilungen. Auch als Einzelmöbel, vgl. Abb. 82	
17	WK	Hans Hopfer	WK		Arco	Kirschbaum rotbraun gebeizt, auch in Kirschbaum hell und in Lack creme, schwarz oder rot erhältlich. Glas-, Holz- oder Spiegeltüren, verschiedene Maße kombinierbar, auch als Schlafzimmerpro- gramm, Einzelmöbel	
18	WK	Uli Tauchnitz	WK		WK 465 Profil	Eiche grau. Auch in Eiche weiß, terracot- ta, schwarz und in Teak lieferbar. Mit glat- tem oder profiliertem Rahmen. Mehrere Maße, viele Funktionselemente kombi- nierbar, seit zwei Jahrzehnten lieferbar	
19	WK	Hans Hopfer	WK		Arcito	Türkis. Auch in Rot, Beige, Grau, ge- sprenkelt in Effektfarben und Lack hart- weiß lieferbar. Glas- und Spiegeltüren mit Rund- oder Korbbogen. Einzelmöbel mit vielen Funktionen	
20	Behr		Behr		Headline	Lack schwarz. 14 Farbtöne untereinander kombinierbar, ungewöhnliche Möbelfor- men, vgl. Abb. 163	

Abb. Nr.	Bild-nachweis	Entwurf	Hersteller	Ausfüh-rung	Modell-name	Material/Besonderheiten	Standort
21	Interlübke		Interlübke		Studimo Solitär	Kirschbaum. 7 Ausführungen lieferbar, viele Funktionselemente, verschiedene Breiten, Höhen, Tiefen. Versenkbare Türen, vgl. Abb. 152	
22	Stüker		Stüker		Prisma	Lack grau, hochglänzend poliert, Rahmen aus mattgebürstetem Edelstahl. Korpus in 12 Farben und 6 Hölzern lieferbar, Rahmen auch in Messing oder Lack. Glasböden. Carrara-Marmor-Abdeck-platten für Highboards	
23	Callwey-Bildarchiv		Vereinigte Werkstätten			Stangen Messing, Bretter Nußbaum	Privat-wohnung
24/26	Möbel-Kiste		Möbel-Kiste		d+h Bücherbrett	Birke, furniert	
25	Möbel-Kiste		Möbel-Kiste		d+h Wand-borde D50, D80	Fachbretter Kiefer, Drahtbügel in Schwarz, Weiß, Rot	
27/28	Dieter Boeminghaus	Dieter Boeming-haus		Dieter Boeming-haus			Privat-wohnung
29	Egoform	J. von Seelen	Egoform, Tisch und Stuhl: Arco, Vertrieb: Egoform		Scala	Eschenholz, schwarz, weiß, rot gebeizt. Auch in Lichtgrau, Brasil und Natur. L-Winkelregale in jeder Richtung zu befe-stigen. Unsichtbare Aufhängung	
30	Reinhold L. Hilgering	Dieter Rams	Vitsoe		Regalsy-stem 606	Schienen und Seitenteile Aluminium, Fachböden lichtgrau, auch in Buche oder mattschwarz, vgl. Abb. 37, 172	
31	Helmut Eiler						
32	Reinhold L. Hilgering	Norbert Wolf		Norbert Wolf		Bretter resopalbeschichtet, Metallbügel	Privat-wohnung
33/34	Möbel-Kiste		Möbel-Kiste, Mojé		d+h Metall-regale, »Trolley«	In mehreren Farben, auch in einem Regal kombinierbar	
35	Centrokappa		Kartell		Revolving Tower System	Alle Elemente in den Farben Schwarz, Weiß, Gelb, Himmelblau, Pink, Grün. Ein-steckbare Bücherstützen. Auf Rollen oder Füßen	
36	Reinhold L. Hilgering	Andreas Christen	Lehni		Lehni-Aluminium-Regal	Regal ganz aus Aluminium, weiß. Auch blank, weiß, rot, blau, schwarz. Verstell-bare Fußteile gleichen Bodenuneben-heiten aus	U. Eils-berger, I. Münch, München
37	Reinhold L. Hilgering	Dieter Rams	Vitsoe Sessel: Zanotta		Regalsy-stem 606	Aluminium-Schienen. Tablare aus lak-kiertem Stahlblech, vgl. Abb. 30, 172	U. Eils-berger, I. Münch, München
38/39	Reinhold L. Hilgering	Manfredo Massironi	Nikol		Ticho-Ci	Schienen verchromt, auch vergoldet oder farbig lackiert lieferbar. Glasböden nicht verstellbar	Casamöbel München
40	Helmut Eiler						
41	Gruner + Jahr Schöner Wohnen	Besitzer	Stanley-Connection (Beschläge)	Besitzer		Beschläge silber oder messingfarbig. Bretter schwarz. Beliebig kombinierbar, verschiedene Stärken	Privat-wohnung
42	Helmut Eiler						
43	Callwey-Bildarchiv	Franz Hart	Stuhl: Cassina			Nußbaum, Rückwand mit Rohseide be-spannt, Bretter nicht verstellbar	Privat-wohnung
44/45	Reinhold L. Hilgering	Ulrich Koch		Klaus von Gratkowski		Fichte gebeizt. 3 Einzelregale. Fachbö-den nicht verstellbar	Privat-wohnung Koch, München
46	Helmut Eiler						
47	Reinhold L. Hilgering	Entwurf Besitzer	Schaukel-stuhl: WK	Schreinerei Iblherr, München		Fichte weiß lackiert	Privat-wohnung

Abb. Nr.	Bildnachweis	Entwurf	Hersteller	Ausführung	Modellname	Material/Besonderheiten	Standort
48	Callwey-Bildarchiv	Otto Roth				Massivholz. Bücherwand aus gleichbreiten Einzelregalen mit je zwei verstellbaren Fachböden, an der Wand verdübelt	Privatwohnung
49	Vitra	Bruno Limberger	Vitra, Hermann Miller International Collection		Converta	Rahmen verchromtes Vierkantstahlrohr, Tablare aus Kristallglas oder Metall, freistehend	
50	Stüker		Stüker		SP 70	Viele verschiedene Oberflächen in Lack, Velour, Spiegel, Hölzern, Naturkork. Metalleinfassungen in Dänischsilber. Viele Funktionselemente. Vgl. Abb. 51, 81, 148	
51	Stüker		Stüker Liegen: Tecta		SP 70	Lack beige, vgl. Abb. 50, 81, 148	
52	Ikea	Karin Mobring	Ikea		Vadstena	Weiß lackiert. Einzelteile mit Doppelglastüren, auch mit Holztüren und offen. Vgl. Abb. 53	
53	Ikea	Karin Mobring	Ikea		Vadstena	Kiefer nußbraun lasiert, vgl. Abb. 52	
54	Behr		Behr		Behr 3200	Eiche schwarz. 13 verschiedene Hölzer, 2 Folien. Seit 1956 lieferbar. 2 Breiten, 8 Höhen und Sondermaße, 3 Tiefen kombinierbar, vgl. Abb. 111	
55	Vitra		Vitra, Hermann Miller International Collection		CSS-Regal	Metallschienen. Bretter und Kästen Holzfurnier, Folien. Klapp- und Schiebetüren	
56	Egoform	K. Bergen	Egoform		Polythek	Spannstangen aus Stahl, pulverbeschichtet oder verchromt. Böden und Korpus Esche furniert, Rolladen Esche massiv. Mehrere Beiztöne lieferbar. Spannstangen selbst kürzbar. Tablare für Tische	
57	Gruner + Jahr Schöner Wohnen					Fachböden Tischlerplatte lackiert. Halbrunde Umleimer	
58/59	Helmuth Baur-Callwey	Karin und Nisse Strinning	String-Design			Schleiflack weiß. Verschieden tiefe Fächer in einer Leiter. Leitern in der Wand zu verdübeln, teilweise mit Bodenstützen. Mehrere Funktionselemente lieferbar. Wird seit 1950 produziert, vgl. Abb. 1, 5, 60, 125, 140, 154, 193	Privatwohnung
60	Reinhold L. Hilgering	Karin und Nisse Strinning	String-Design Sofa: DeSede			Massivholz mit Teakfurnier, vgl. Abb. 1, 5, 58, 59, 125, 140, 154, 193	Privatwohnung
61	Vieler	Otto Zapf	Vieler Sessel: Cassina		Wingset	Schienen in Chrom, silber, schwarz, grauweiß. Böden Aluminium natur, schwarz, braun, grauweiß. Für Wandmontage und mit Tragschienenständer freistehend, vgl. Abb. 62, 63, 227	
62/63	Reinhold L. Hilgering	Otto Zapf	Vieler	Casamöbel, München	Wingset	siehe Abb. 61, 227	Privatwohnung Weil, München
64	Ikea		Ikea		Niklas	Seitenteile verchromtes Stahlrohr, auch in Schwarz, Weiß. Bretter weiß lackiert, auch in massiver Kiefer und Buchenfurnier, vgl. Abb. 184	
65	U. Schärer	Fritz Haller	U. Schärer Sessel: E. Kold Christensen		USM-Haller	Viele verschiedene Oberflächen, Farben, Einbauelemente, Sondermaße. Seit 2 Jahrzehnten lieferbar, vgl. Abb. 189, 210	
66/67	Reinhold L. Hilgering		Metropolitan Wire Corp. Vertrieb: Form+Farbe, Köln Liege: Cassina		Metro Erecta Shelf	Leitern und Roste Stahl, verchromt, vgl. Abb. 198	Privatwohnung

Abb. Nr.	Bildnachweis	Entwurf	Hersteller	Ausführung	Modellname	Material/Besonderheiten	Standort
68/69	Reinhold L. Hilgering		Gillemot, München Sessel: Knoll International und Cassina			Stahlprofile und Stahlblech, grau lackiert. Verschiedene Höhen und Tiefen lieferbar. Freistehend. Zusätzliche Wandbefestigung empfehlenswert, vgl. Abb. 136	Privatwohnung
70	Reinhold L. Hilgering		Schulte Stuhl: Cassina, Sessel: Thonet		Haushaltsregal	Stahlblech weiß lackiert, vgl. Abb. 3	Privatwohnung
71	Reinhold L. Hilgering	Besitzer		Schreinerei Nuss, Pleisweiler		Tanne massiv, dunkel gebeizt und eingelassen. Bretter nicht verstellbar	Privatwohnung
72/73	Reinhold L. Hilgering	Heinrich W. Grassl	Leuchte: Artemide	Heinrich W. Grassl		Ytong-Steine, weiß gestrichen; Mahagoni-Bretter massiv, lackiert, vgl. Abb. 171	Privatwohnung
74	Thome	Thome	Thome		Th 85-Visiona	In allen gängigen Holzarten und Lackfarben nach RAL-Karte lieferbar, Wunschmaß für alle Höhen, Breiten, Tiefen	
75	Centrokappa		Kartell		Shelving System	Polyurethan. Viele Farben lieferbar, auch Rollen. Eine Tiefe, zwei Breiten oder Höhen, vgl. Abb. 183, 212	
76	IP 20 Inbau		IP 20 Inbau		IP 20	Allseitig beschichtete Platten und Winkel. Weiß und 6 Strukturfarben. Breite, Höhe und Tiefe im 12-cm-Raster, vgl. Abb. 112, 237	
77	Ikea		Ikea		Billy	Eichenfurnier natur, auch weiß oder braun lackiert lieferbar. Zwei Breiten, zwei Höhen. Vier verstellbare, ein fester Boden	
78	WK	Bo Sendker	WK Sessel: Knoll International, Stuhl: Alias		Leif	Holz weiß und schwarz gebeizt, auch in Kiefer natur und Eschenfurnier lieferbar. Verschiedene Höhen, Breiten und Tiefen, mehrere Einbauten, Rolladentüren	
79	WK	Dieter J. Reinhold	WK		WK-Pilaster und Kubus	Verschiedene Hölzer, Glas- und Spiegeltüren, viele speziell ausgestattete Schrankeinbauten lieferbar, mehrere Breiten, Höhen, Tiefen	
80	WK	Dieter J. Reinhold	WK		WK 470	Lack, Glas-, Holz- oder Lochblechtüren. 4 Korpusfarben. Horizontale Zwischenleisten und vertikale Keilleisten in Kontrastfarben möglich. Seit über 20 Jahren lieferbar	
81	Stüker		Stüker		SP 70	Eiche, vgl. Abb. 50/51, 148	
82	Stüker		Stüker		Yvonne	Mahagoni, vgl. Abb. 16	
83	Reinhold L. Hilgering	A.+M. Schnuck	Sessel: Hermann Miller International Collection, Sofas: Cassina	Schreinerei Kurt Schmidt, Webenheim		Buche massiv, natur, Klapptüren, rot lackierte Tischlerplatte	Privatwohnung
84–89	Helmut Eiler						
90	Reinhold L. Hilgering	Albert Pfeil		Schreinerei Albert Pfeil, München		Fichte gebeizt, Lichtblenden	Privatwohnung
91–93	Reinhold L. Hilgering	Besitzer + Herbert Straub		Herbert Straub		Fichte lackiert und Gips-Stukkatur	Privatwohnung
94	Reinhold L. Hilgering	Peter Vierl		Peter Vierl		Fichte gebeizt	Privatwohnung
95	Reinhold L. Hilgering	Udo Wildenhaus	Sessel (hinten): Saporiti	Schreinerei Kluth, Düsseldorf		Holz weiß lackiert	Privatwohnung

Abb. Nr.	Bild- nachweis	Entwurf	Hersteller	Ausfüh- rung	Modell- name	Material/Besonderheiten	Standort
96/98	Reinhold L. Hilgering	Adrian Esten		Schrei- nerei Enders, Köln		Spanplatte mit Packpapier tapeziert und gestrichen, Fachbretter Esche, weiß ge- spritzt, vgl. Abb. 204	Privat- wohnung Esten, Köln
97	S. R. Gnamm	F. X. Lutz		Schreiner- ausfüh- rung		Holz und Schleiflack	Privat- wohnung
99/100	Reinhold L. Hilgering	Udo Wilden- haus		Schrei- nerei Frentsgen, Köln		Tischlerplatte mit Anleimer, weiß lackiert	Privat- wohnung
101	Sigrid Neubert	F. X. Lutz		Schreiner- ausfüh- rung		Nußbaum, verstellbare Bretter	Privat- wohnung
102	Reinhold L. Hilgering					Industrieregal, Holz weiß lackiert	Privat- wohnung
103/ 105	Reinhold L. Hilgering	Reinhold L. Hilgering	Sessel: Cassina	Reinhold L. Hilgering		Kiefer, Fichte, dunkelbraun gebeizt, matt lackiert	Privat- wohnung Hilgering, München
104	G. und E. v. Voithenberg	Walter Spitzbarth				Mit weißem Putz verkeidetes Mauerwerk	Privat- wohnung
106/ 107	Reinhold L. Hilgering		Interlübke		Schrank- wand 40 cm	Schleiflack weiß, Tiefe 40 cm. Viele Funk- tionselemente, vgl. Abb. 129, 197	Privat- wohnung
108	Gruner + Jahr Schöner Wohnen	Gisela Koch	Behr		Behr 1634	17 verschiedene Front- und Korpusaus- führungen, vgl. Abb. 109, 110, 160, 224	
109/ 110	Reinhold L. Hilgering		Behr Stühle: Anoni- ma Castelli, Sessel: Knoll International		Behr 1634	vgl. Abb. 108, 160, 224	Privat- wohnung
111	Behr		Behr Sessel: Hermann Miller International Collection		Behr 3200	vgl. Abb. 54	
112	IP 20 Inbau		IP 20 Inbau		IP 20	vgl. Abb. 76, 237	
113	Interlübke		Interlübke		Studimo Profil	Lack weißgrau und Esche natur. Viele Hölzer und Lackausführungen, zwei Hö- hen, drei Tiefen, viele Funktionselemente lieferbar, vgl. Abb. 115	
114	Behr		Behr		Swingform	5 Hölzer, 2 Lackfarben, verschiedene Breiten, Höhen, Tiefen, Schwingtüren	
115	Interlübke		Interlübke		Studimo Profil	Mahagoni, vgl. Abb. 113	
116	Gruner + Jahr Schöner Wohnen					Anbaumöbel	
117	WK	Erwin Teltscher	WK		Elysee	Viele Hölzer und Lackausführungen, pas- sende Kassettendecken, Wandpaneele aus Holz, Spiegel, Stoff oder Tapete. Mil- limetergenauer Einbau möglich	
118– 120	Reinhold L. Hilgering	Casa- möbel, München		Casa- möbel, München		Esche weiß lackiert, Einzelanfertigung	Privat- wohnung
121	WK	Ernst M. Dettinger und Erich Schob	WK		Varianta	3 Hölzer, verschiedene Funktionsele- mente, Wandpaneele lieferbar. Gerunde- te Fronten, Spiegelrückwände, indirekte Beleuchtung	
122	IP	Josephine Pfaehler	Interprofil, Stuhl: Cassina		IP Vertical	Profilleisten der Schränke aus Holz oder Kunststoff, Farbe nach Wunsch, ebenso die Türmaterialien, vgl. Abb. 124, 176	

Abb. Nr.	Bildnachweis	Entwurf	Hersteller	Ausführung	Modellname	Material/Besonderheiten	Standort
123	Stüker		Stüker		ST 80	Korpus Mahagoni und Eiche, Schiebetürenschränke mit vielen verschiedenen Oberflächen	
124	IP	Josephine Pfaehler	Interprofil		IP Vertical	vgl. Abb. 122, 176	
125	Reinhold L. Hilgering	Karin u. Nisse Strinning	String-Design			vgl. Abb. 1, 5, 58–60, 140, 154, 193	Privatwohnung
126/ 127	Reinhold L. Hilgering	Casamöbel, München		Casamöbel, München		Esche weiß lackiert, schmale Schrankelemente, Einzelanfertigung	Privatwohnung Schiöberg, München
128	Interlübke		Interlübke, Sofa: Hain + Thome		Studimo Plus	Eiche braun, 7 Oberflächen, viele Funktionselemente, textilbespannte Türfüllungen, vgl. Abb. 153	
129	Reinhold L. Hilgering		Interlübke		Schrankwand 40 cm	vgl. Abb. 106, 107, 197	Privatwohnung
130	Reinhold L. Hilgering	Udo Wildenhaus	Sofa: Cassina, Stehleuchte: Arteluce	Schreinerei Frentsgen, Köln		Tischlerplatte schwarz gebeizt	Privatwohnung Wildenhaus, Köln
131	Reinhold L. Hilgering	Besitzer + Fa. Ronninger, Hamm		Schreinerarbeiten: G. Braun, München		Massivholz schwarz gebeizt, Metallschienen und Auflagewinkel, vgl. Abb. 173, 178, 230, 231	Privatwohnung
132	Trüggelmann		Trüggelmann Polstergruppe: Milano	Trüggelmann		Strichlack-Funktionswand, farbig abgesetzte Paneele, Lichtnische	
133	Reinhold L. Hilgering	Udo Wildenhaus		Schreinerei Kluth, Düsseldorf		Holz farbig lackiert, »Ochsenblut«, vgl. Abb. 141	Privatwohnung
134	Reinhold L. Hilgering	Peter Vierl		Peter Vierl		Alzelia massiv, gewachst	Privatwohnung
135	Reinhold L. Hilgering	Besitzer		Schreinerei Nuss, Pleisweiler		Tanne massiv, dunkel gebeizt	Privatwohnung
136	Reinhold L. Hilgering		Gillemot			vgl. Abb. 68, 69	Privatwohnung
137	Reinhold L. Hilgering	Besitzer		Besitzer		Holz massiv, lackiert, Böden nicht verstellbar, vgl. Abb. 2	Privatwohnung
138	Hoffmeister		Leuchten: Hoffmeister			Einzelanfertigung	
139	Renz	Walter Wirz	Wilhelm Renz		Renzbord	12 Holzausführungen, 4 Breiten, 19 cm Tiefe, 26 cm Höhe. Seit 1971 lieferbar, vgl. Abb. 182, 235	
140	Reinhold L. Hilgering	Karin und Nisse Strinning	String-Design			vgl. Abb. 1, 5, 58–60, 125, 154, 193	Privatwohnung
141	Reinhold L. Hilgering	Udo Wildenhaus		Schreinerei Kluth, Düsseldorf		vgl. Abb. 133	Privatwohnung
142– 145	Helmut Eiler						
146	Gruner + Jahr Schöner Wohnen		Sessel: Knoll International			Massivholz, Einzelanfertigung	
147	Gruner + Jahr Schöner Wohnen	Andreas Jaek	Ideal Form Team			Esche natur, schwarz oder weiß. Türfüllungen in Glas, Plexiglas, Spiegelglas	
148	Stüker		Stüker		SP 70	Eiche hell, vgl. Abb. 50, 51, 81	

Abb. Nr.	Bildnachweis	Entwurf	Hersteller	Ausführung	Modellname	Material/Besonderheiten	Standort
149	Reinhold L. Hilgering					Stützen und Fachböden aus Plexiglas, verschraubt	Privatwohnung
150	Hülsta		Hülsta		Allwand 80, Design-Gruppe 210	Mahagoni. Viele Hölzer und Ausstattungsvarianten, Funktionselemente, Deckenteile und Wandpaneele	
151	WK	Günter Renkel	WK, ZE-Möbel		Nemo	Kiefer natur, Front weißer Strukturschichtstoff. Baustein-Elemente mit verschiedenen Fronten und Korpusteilen und Funktionen, Liegen, Tische	
152	Interlübke		Interlübke, Sessel: Tecta, Sofa: Cassina		Studimo Solitär	Esche schwarz, vgl. Abb. 21	
153	Interlübke		Interlübke, Sofa: Hain + Thome, Sessel: Cassina		Studimo Plus	vgl. Abb. 128	
154	Helmuth Baur-Callwey	Karin und Nisse Strinning	String-Design			vgl. Abb. 1, 5, 58–60, 125, 140, 193	Privatwohnung
155	Reinhold L. Hilgering	Casamöbel, München		Casamöbel, München		Esche offenporig gebeizt, weiß lackiert, Einzelanfertigung	Privatwohnung
156	Helmut Eiler						
157	Callwey-Bildarchiv	Besitzer		Schreineranfertigung		Fichte natur, lasiert. Fachböden nicht verstellbar	Privatwohnung
158	Reinhold L. Hilgering		Lundia			Fichte dunkel gebeizt, vgl. Abb. 168, 219	Privatwohnung
159	Hülsta		Hülsta		Modul 16	Kirschbaum. Viele Holzarten lieferbar. Raumteiler-Wange in der Höhe bis 4 cm verstellbar. Funktionselemente auch mit Klappbett und Kleiderschrank, vgl. Abb. 174, 175	
160	Behr		Behr		Behr 1634	vgl. Abb. 108–110, 224	
161	Gruner + Jahr Schöner Wohnen	Michael Wagenhöfer		Schreinereinbauten			
162	Gruner + Jahr Schöner Wohnen		Designo			Weiß, mit Profilleiste	
163	Gruner + Jahr Schöner Wohnen		Behr, Sessel: Knoll International, Tisch: Tecta		Headline	vgl. Abb. 20	
164	Gruner + Jahr Schöner Wohnen	Klaus Peters		Schreinereinbau			
165	Axis		Axis, Stuhl: Axis		Artist	Lackiertes Stahlrohr, farbige Platten mit Melaminharzauflage, einhängbare Arbeitsplatte. Regal wird zwischen Boden und Decke mit Teleskopelement eingespannt	
166	Reinhold L. Hilgering					Kirsche	Privatwohnung
167	Callwey-Bildarchiv			Schreineranfertigung		Nußbaum. Fachböden verstellbar	Privatwohnung
168	Reinhold L. Hilgering		Lundia			Fichte dunkel gebeizt, vgl. Abb. 158, 219	Privatwohnung
169	U. Heinemann		Quadriga-Pollmann		Oxford	Kirschbaum antik gebeizt. Auch in Mahagoni und Schleiflack altweiß. Umfangreiches Möbelprogramm	

Abb. Nr.	Bild-nachweis	Entwurf	Hersteller	Ausfüh-rung	Modell-name	Material/Besonderheiten	Standort
170	U. Heinemann		Quadriga-Pollmann		Potsdam	Kirschbaum. Anbauprogramm. Passende Eßgruppen und Polstergarnituren	
171	Reinhold L. Hilgering	Heinrich W. Grassl		Heinrich W. Grassl		vgl. Abb. 72, 73	Privat-wohnung
172	Claus Hansmann	Dieter Rams	Vitsoe, Stühle: Hermann Miller International Collection		Regal-system 606	vgl. Abb. 30, 37	Privat-wohnung
173	Reinhold L. Hilgering	Besitzer	Stuhl: Wilkhahn	Schreinerei G. Braun, München		vgl. Abb. 131, 178, 230, 231	Privat-wohnung
174	Hülsta		Hülsta		Modul 16	Eiche tiefbraun, vgl. Abb. 159, 175	
175	Hülsta		Hülsta		Modul 16	Mahagoni, vgl. Abb. 159, 174	
176	IP	Josephine Pfaehler	Interprofil, Schreibtisch und Leuchten: Skipper		IP Vertical	vgl. Abb. 122, 124	
177	Reinhold L. Hilgering		Ikea			Sperrholz, Birke, unbehandelt	Privat-wohnung F. X. Lutz, Pavolding
178	Reinhold L. Hilgering	Besitzer				vgl. Abb. 131, 173, 230, 231	Privat-wohnung
179	die Collection	Volker Laprell	die Collection		Raster 19	Esche offenporig schwarz gebeizt, mit Mahagonikante, außerdem lieferbar in Natur, Schwarz, Schiefer, Torfbraun, Weiß, Lichtgrau und Braun. Breitenraster 48 cm + Wange 2,6 cm. Höhenraster 35,2 cm. Holz- und Glastüren, Podeste, Schubkästen. Vgl. Abb. 180, 234	
180	die Collection	Volker Laprell	die Collection		Raster 19	Esche offenporig weiß gebeizt, mit Eschenkante, vgl. Abb. 179, 234	
181	WK	R. Lilje-mark	WK, Stuhl: Thonet		Universal	Kiefer massiv. Einschiebbare Seitenteile, an den Holmen verschraubbare Türen	
182	Renz	Walter Wirz	Wilhelm Renz		Renzbord	vgl. Abb. 139, 235	
183	Centrokappa		Kartell		Shelving System	vgl. Abb. 75, 212	
184	Ikea		Ikea		Niklas	Seitenteile und Böden weiß, vgl. Abb. 64	
185	Sigrid Neubert	F. X. Lutz	Stühle: Her-mann Miller International Collection			Einzelentwurf. Weiß beschichtetes Holz. Abgesetzte Stirnleisten	Arztpraxis
186/187	Reinhold L. Hilgering	Klaus Würth		Klaus Würth, Strand-Design München	KW 2	Verschweißtes, lackiertes Stahlrohr. Tischlerplatte, Buche furniert, Füße ver-stellbar	Galerie Strand, München
188/189	Reinhold L. Hilgering	Fritz Haller	U. Schärer		USM-Haller	vgl. Abb. 65, 210	Büro
190/191	Reinhold L. Hilgering	Theis/Wolf		Norbert Wolf, Zipfen		Redwood unbehandelt	Privat-wohnung Theis, Zipfen
192	Callwey-Bildarchiv			Schreiner-arbeit		Einbauregal. Holz dunkel gebeizt, Fach-böden verstellbar	Privat-wohnung
193	Reinhold L. Hilgering					vgl. Abb. 1, 5, 58–60, 125, 140, 154	
194	Reinhold L. Hilgering	Friedhelm Huber	Leuchte: Flos	Schreinerei Hafke, Lintorf		Wengé mattiert und rot lackiert	

Abb. Nr.	Bildnachweis	Entwurf	Hersteller	Ausführung	Modellname	Material/Besonderheiten	Standort
195	Stüker			Stüker	Burgund	Mahagoni, vgl. Abb. 15	
196	Gruner + Jahr Schöner Wohnen						
197	Interlübke			Interlübke	Schrankwand 40 cm	vgl. Abb. 106, 107, 129	
198	Reinhold L. Hilgering		Metropolitan Wire Corporation		Metro Erecta Shelf	vgl. Abb. 66, 67	Privatwohnung
199/201	Reinhold L. Hilgering						Privatwohnung
200	Reinhold L. Hilgering		Vertrieb: Die gute Form, München		Trittleiter 65 cm	Stahlblech lackiert, blau, weiß, rot, schwarz. Tritte mit schwarzem Gummi belegt	Privatwohnung
202	Reinhold L. Hilgering		Vertrieb: Vereinigte Werkstätten, München			Mahagoni schwarz. Zusammendrehbar	
203	Reinhold L. Hilgering			Besitzer		Schneefanggitter, weiß beschichtete Spanplatte. An der Wand auf Leisten aufliegend	Privatwohnung Eilsberger, Münch, München
204	Reinhold L. Hilgering	Adrian Esten		Schreinerei Enders, Köln		vgl. Abb. 96/98	Privatwohnung Esten, Köln
205	Helmut Eiler						
206/207	Reinhold L. Hilgering	F. X. Lutz		Schreinerei König, Ottobeuren		Fichte natur, seidenmatt eingelassen	Privatwohnung F. X. Lutz, Pavolding
208	Reinhold L. Hilgering	Besitzer				Fichtenbretter massiv, lasiert. Bretter auf Lochschienen-Winkel-System	Privatwohnung Kirchgeorg, Schondorf
209	Reinhold L. Hilgering	Besitzer		Besitzer		Fichte lackiert	Privatwohnung Kirchgeorg, Schondorf
210	U. Schärer	Fritz Haller		U. Schärer	USM-Haller	vgl. Abb. 65, 188, 189	Privatwohnung
211	Reinhold L. Hilgering		Ikea			Kiefer farblos lackiert	Privatwohnung
212	Centrokappa		Kartell, Tisch und Stühle: Kartell		Shelving System	vgl. Abb. 75, 183	
213/214	Möbel-Kiste		Möbel-Kiste		Mö-Ki	Kiefer, Fichte massiv, natur lackiert. Eckleisten Buche massiv	
215	Möbel-Kiste		Möbel-Kiste		d+h Regal	Naturbelassene Kiefer, matt lackiert. Böden und Kästen liegen auf verzinkten Trägern	
216	Reinhold L. Hilgering	W. Münscher		W. Münscher		Spanplatte weiß lackiert	Privatwohnung
217	Reinhold L. Hilgering						Privatwohnung
218	Reinhold L. Hilgering		Baumarkt			Metallbügel, Kiefer lasiert	Privatwohnung
219	Reinhold L. Hilgering		Lundia			Fichte farblos eingelassen, vgl. Abb. 158, 168	Privatwohnung

Abb. Nr.	Bildnachweis	Entwurf	Hersteller	Ausführung	Modellname	Material/Besonderheiten	Standort
220–222	Helmut Eiler						
223	Gruner + Jahr Schöner Wohnen	Klaus Peters				Einzelanfertigung. Bord, Wand und Decke in Blau gestrichen	
224	Behr		Behr		Behr 1634	vgl. Abb. 108–110, 160	
225	WK	Volker Laprell	WK		WK 177	Esche weiß, offenporig. Viele Oberflächenarten wie Stoff, Spiegel, Jalousietüren	
226	Reinhold L. Hilgering	Adrian Esten		Schreinerei Enders, Köln		Esche farbig, offenporig gespritzt	Privatwohnung
227	Vieler	Otto Zapf	Vieler		Wingset	Aluminium schwarz eloxiert, vgl. Abb. 61–63	
228	Reinhold L. Hilgering	W. Münscher		W. Münscher		Spanplatte gelb lackiert. Fachböden verstellbar	Privatwohnung
229	A.+G. Deicke			Schreinerarbeit		Einzelanfertigung, Holz lackiert. Fachböden zum Teil verstellbar	Privatwohnung
230	R. Bohnacker		Element-System		Element-System	Schienen in Weiß, Braun, Schwarz und Sand lieferbar. Ein- und zweireihige Schienen. Verschiedene Winkelausführungen und Maße	
231	Reinhold L. Hilgering	Besitzer und Fa. Ronninger, Hamm		Schreinerei G. Braun, München		vgl. Abb. 131, 178, auch 230	Privatwohnung
232/233	Hülsta		Hülsta, Stuhl: Knoll International		Topside	Eiche natur. 5 Hölzer lieferbar. Grundrastermaß 16 cm. 6 Höhen, 2 Tiefen. Verschiedene Übergangselemente und viele Funktionselemente	
234	die Collection	Volker Laprell	die Collection		Raster 19	Esche natur, vgl. Abb. 179, 180	
235	Renz	Walter Wirz	Wilhelm Renz		Renzbord	vgl. Abb. 139, 182	
236	Gwinner	Gwinner	Gwinner-Wohndesign		Live	Eiche hell, auch in Eiche rustikal, altbraun, Mahagoni und Nußbaum. An- und Aufbauprogramm mit integriertem Stollensystem. Maßraster 52 und 100 cm	
237	IP 20 Inbau		IP 20 Inbau		IP 20	vgl. Abb. 76, 112	
238	Gruner + Jahr Schöner Wohnen		Inbauproduct, Sessel: Knoll International			Holz weiß beschichtet. Maximale Wangenlänge 270 cm. Wangenstärke 4 cm, Böden 19 mm	